新时期新型农民自我教育丛书

杨　茹　宋国恺　主　编
马晓燕　王全行　编　著

国外农业市场的开发与经营

GUOWAI NONGYE SHICHANG DE KAIFA YU JINGYING

中国社会出版社

图书在版编目（CIP）数据

国外农业市场的开发与经营/马晓燕，王全行编著．—北京：中国社会出版社，2010.3

（新时期新型农民自我教育丛书/杨茹，宋国恺主编）

ISBN 978－7－5087－3120－9

Ⅰ．①国…　Ⅱ．①马…②王…　Ⅲ．①农业经济—市场经济—研究—国外　Ⅳ．①F31

中国版本图书馆 CIP 数据核字（2010）第 026510 号

书　　名：国外农业市场的开发与经营
编　　著：马晓燕　王全行
责任编辑：彭先芬

出版发行：中国社会出版社　　**邮政编码：**100032
通联方法：北京市西城区二龙路甲 33 号
电话：编辑部：（010）66061704
邮购部：（010）66060275
销售部：（010）66080300　传真：（010）66051713
（010）66051698　传真：（010）66080880
网　　址：www.shcbs.com.cn
经　　销：各地新华书店

印刷装订：北京京海印刷厂
开　　本：145mm×210mm　1/32
印　　张：6
字　　数：120 千字
版　　次：2010 年 4 月第 1 版
印　　次：2014 年 3 月第 3 次印刷
定　　价：12.00 元

新时期新型农民自我教育丛书
编写委员会

目　录

第一章　国外农业市场开发与保护概况

农业在一个国家的国民经济中具有非常重要的作用，关系到国计民生和社会稳定、国家安全。但农业自身的生产特点，又决定了它劳动生产率低、生产周期长、自然风险和市场风险都很大，所以加强对农业市场的经营与保护，保障和提高农业生产者的收入，是各国政府面临的共同问题。除了对国内农业市场的保护以外，由于农产品进出口对本国的经济起着非常重要的作用，因此各国政府还采取很多的政策措施，在农产品国际贸易领域加强对本国农业的保护。

一、农业市场开发与保护的原因和政策机制

（一）开发和保护的原因

为什么要对农业市场进行开发与保护，这个问题因时因地而异。但总体来说，这是由农业生产自身的特点决定的。

首先，农业生产率低，容易受到自然因素等非市场因素的影响，难以获得社会平均利润。同时，农产品供求关系本身也具有一系列特殊的经济学特征。西方经济学认为，农产品供需关系具有如下明显的特殊性：一是农产品的需

求价格弹性很低。因为发达国家的恩格尔系数较高，食品支出在居民生活支出中的比重很小，加之食物结构的稳定性，消费需求对农产品价格的变动不敏感。二是农产品的可替代性强，单个农产品的价格弹性大于农产品总需求的价格弹性。三是由于食物是基本消费，一般不会因收入增加而迅速扩大，也不会因收入减少而迅速减少，农产品总需求的收入弹性很低。四是农业生产领域的资源流动性相对较小，对价格的反应也不及时，导致在中短期农产品供给的价格弹性也不大。西方经济学中有一个著名的蛛网理论，它说明由于动植物生长的自然周期，即期的农产品价格对供给的影响往往要滞后，本期的供应量由上期价格决定。五是准生产要素同样具有对价格变化不敏感的特点，生产要素之间的替代弹性小。

由于上述原因，单纯的价格变动对供需关系的变化影响并不大，纯粹通过价格机制难以实现农产品供给和需求的均衡。在这种情况下，农产品平均价格水平变动往往使农业部门的收入变化滞后于其他产业部门，造成“收入的不平等”。

其次，扶持政策具有刚性，政府支出一旦形成，就很难降低扶持水平，更不用说是取消。在许多国家，农业利益集团往往具有不可低估的能量，加上农业生产条件差、风险大，很容易得到社会同情。

（二）市场保护与开发的政策机制

对农业市场如何进行保护，各国都有不同的方法，并已经形成了一整套政策体系。但总的来看，对农业实行国家补贴一直是居主流地位的传统方式。当然，如何进行补贴则取决于不同的政策意图。在农产品相对过剩的国家，如美国、欧盟等，主要是将补贴用于控制和调节供给，减少生产。农产品不足的国家如日本、印度等，则主要是通过补贴扩大生产和市场供给。对农业的供求关系的调节，主要是抑制供给，增加需求。发达国家一般从两个方面着手：

1. 就供给方面而言

在经济全球化程度日益加深的今天，一国农产品的供给一般由两大部分组成：一是国内，一是国外。因此调节供给的政策路径主要是控制国内的农业生产，同时高筑城墙，御外国农产品于国门之外。在国内，通过制定优惠政策，引导农户减少农业生产、鼓励休耕和职业培训，以减少本国农产品的过量供给。美国政府鼓励农场主休耕一部分土地以减少农产品产量，休耕地部分减少的产量由政府付给农场主以现金或实物进行补偿。

一些国家的政府还实行农业生产资料的价格补贴。政府以低于市场价格甚至低于成本的价格向农业生产者提供生产资料，如电力、燃料、农机、农药、种子、化肥、饲料等，购销差价由国家财政补贴。

农业信贷资金的利息补贴也是常见的支持方式。许多发达国家为鼓励农民投资，引导生产者执行国家的农业政策，往往以低于金融市场正常利率向农民提供各种贷款，其利息差额由政府进行补贴。如美国的“无追索权贷款”的利率就明显低于一般商业信贷的利率，而且当市场价格不足以偿还全部预定利息时，政府还予以减免。

对外则多管齐下，限制国外农产品的进口。如对限制进口的农产品征收特别关税、实行进口许可证制度和各类非关税壁垒（提出特殊的技术要求）等。

2. 就需求方面而言

农业保护主要包括：一是对出口农产品实行出口补贴制度。在农产品国内市场价格高于国际市场价格的情况下，政府为鼓励出口，实行出口价差补贴政策，如美国。补贴一般直接支付给农产品出口商，或直接体现在进出口贸易的采购与输出价格的差额上。这是一种国际通行的做法，尽管这一做法已经受到广泛的批评，并成为双边和多边贸易摩擦的导火索，但仍然是行之有效的补贴方式。

二是对国内农产品及其制品的消费给予补贴。政府以市场价格向农户购进农产品，然后以较低价格销售给本国消费者，其差价由政府补贴，如日本。

三是政府机构以保护价收购农产品。这是农业扶持政策的重点。

二、外国对农业市场保护与开发的背景

农业市场在保护问题实际上是两个层次：一是必要性问题，二是可行性问题。实质上，这两个问题有时是联系在一起的。在农业社会，国民经济的主导产业是农业，对于国家来说，农业看天吃饭，丰歉交替本来就很正常，可以说是见多不怪。国家视农业为主要的财政收入来源，谁要是提出用国库来贴补农业，那可真是天方夜谭。所以，在官员的脑子里，保护农业的必要性和可行性都没有。

当一个国家的工业化进行到一定程度之后，国家财富的积累达到一定水平，国家将采取措施保护农业市场，否则有可能动摇国民经济的基础，甚至引发社会动乱。在这样的情况下，各国政府都开始重新对待农业部门，对农业

实行补贴政策。

（一）发达国家对农业市场的干预

1. 日本政府对农业市场的保护

从明治维新直到1920年以前，日本的粮食生产与市场流通是完全自由化的，政府不加管理。但是年景有丰有歉，加上私商囤积居奇，市场上的农产品价格经常大幅度波动。1918年，日本全国米价暴涨，继而发生抢米风潮，形成全国动乱，使当时的内阁垮台。这一事件从表面上看是由于粮食歉收引发的，但从根本上看，农民从事农业生产收入偏低，从而导致农业的结构性下滑才是事件的根本原因。从这个意义上说，1918年的抢米风潮是一个具有标志性的重大事件。日本政府从这件事中吸取教训，之后在粮食生产及流通市场中不断加入政府管理和调控，逐步形成了以政府控制为基本特征的粮食流通体制。在很长一段时期内，政府都垄断了粮食收购，并以确保粮食的再生产为原则制定收购价格。粮食购销价格出现的倒挂由财政进行补贴。

1929年、1938年和1947年日本颁布了3部有关农业的保险法，即《家畜保险法》、《农业保险法》和《农业灾害补偿法》。在此前后18年间所颁布的这3部农业保险方面的法律都有其特殊的背景。在明治维新后，日本城市资本主义经济发展很快，而农村依然是封建经济占统治地位。农业经济在国民经济中仍占重要地位。1913年，日本劳动力在农林渔业就业的仍占61.1%，在采矿、制造业、建筑和公用事业就业的占17.5%，在服务业就业的占22.4%。人均GDP只有1334美元，工业化早期阶段的特征十分明显。耕种全国耕地一半以上的佃农，实物地租率高达

50%～60%，负担极重。如果碰上歉收年份，佃农更不堪重负。为了缓和社会矛盾，日本众议院曾讨论过这一法案，建议建立农业保险制度，由国家、地主、佃农三方负担保险费，建立保险基金，以补偿灾害给佃农的农作物收获带来的损失。这样，受灾后损失的地租部分等于部分地转嫁给了政府，佃农利益也少受损失，有利于稳定农业生产。于是，日本政府于1927年开始组织力量，对农业特别是农作物灾害与损失评估问题进行了长达10年的研究。在此期间，农会一再要求政府实施农业保险，以减少他们在灾年的负债。1929年，政府颁布《家畜保险法》，希望通过商业性保障来解决农业灾害补偿问题，但参与率很低，效果并不好。

到了20世纪30年代，日本军国主义政府积极准备发动战争，它需要利用农业保险政策缓和地主与佃农的矛盾，保护小农，以利于农业的发展和农村秩序的稳定。为此，在1938年，也就是其制定、颁布《战时体制下国家总动员法》的同一年，颁布了作为其经济、政治战略组成部分的《农业保险法》，并于1939年开始实行。1945年，日本在第二次世界大战中战败。次年，日本颁布了《土地改革法》，在全国实行土改，废除了地主制度，以便调动农民的积极性，迅速恢复农业经济。但佃农成为自耕农以后，要完全独立地承担生产和经营风险，而灾害很可能使其重新失去刚刚获得的土地。另外，战后日本国内粮食极度短缺，当时政府又无力大量进口粮食。为了稳定社会秩序，不得不严格控制粮价，但这又抑制了粮食生产和供给。在这种情况下，农民在自然灾害面前更加无能为力，特别是在东北地区和北海道，农民回避风险不愿种植市场上极其短缺的稻谷。鉴于此，政府在颁布《农业合作法》的同时，将《家畜保险法》和《农业保险法》合并加以修订、补充，产生了《农业灾害补偿法》，对水稻、旱稻、麦类等作物的多种风险和蚕茧、牛、马、猪等饲养动物的疫病死亡实行法定保险，对其他作物及饲养动物实行自愿保险。

经过20世纪60年代的快速增长，日本的经济实力大大增强，工业化水平明显提高。到80年代，日本农业就业人口已下降到总人口的10%以下。人均GDP在1972年超过10000美元大关以后，于1985年又超过了15000美元。日本完全进入了后工业化时期。这时，国内农产品供给已不再是主要问题，政府对农业支持的方向和目标也发生了根本的变化。日本将农业保险一步步地纳入增进农民福利的轨道，在修订农业保险法时大大扩展了保险的保障范围，尽管扩大的标的都实行自愿保险，但政府同样给予很高的补贴。仅1985年，日本政府对农业保险的拨款就达到了1600亿日元。政府对农业的支持取得了很好的效果。

2. 美国政府干预农产品市场的过程

美国南北战争结束后，由于欧洲农业生产的恢复，美国农产品的国内外市场锐减，导致了美国第一次农业危机，这一危机一直持续到19世纪末。为了提高农产品价格，稳定农场主的收益，当时就有人提出要求政府制订计划，对农业进行有效的扶持，但当时奉行自由主义政策的政府对此无动于衷。

第一次世界大战开始后，美国政府的态度终于有了转变。欧洲人在打仗，农场成了战场，无论是军饷还是平民的口粮一下子都没了着落。美国人瞅准了这一机会，觉得农业可以使美国彻底还清所欠的22亿美元外债。在这样的情况下，美国政府宣布实行新的农业政策，对小麦和猪肉首次实行最低保证价格。并在1916年通过一个《联邦农业信贷法》，由政府提供部分资金，成立合作制的联邦土地银行，专门为农场主提供长期抵押贷款。这些政策显然产生了效果，到1919年，美国不仅还清了所有外债，而且还拥有了64亿美元的债权。

但是这些措施都属于权宜之计，没有从根本上改变美国政府的政策导向。所以当《凡尔赛和约》尘埃落定的时候，美国人却没有心思去放礼花，农业危机的阴霾再次笼罩美利坚。在此期间，关于要求政府支持农场主的麦克纳利—豪根提案，在国会经过长达5年的辩论后，在总统那里被否决了。

1929～1933年的世界性大萧条使美国农民真正享受到政策的阳光。为了拯救在危机中损失惨烈的农场主，受命于危难之际的罗斯福总统终于下决心对农业采取新的政策。1933年通过的《农业调整法》规定，农业部部长有权同农场主签订自愿减少耕地或生产的合同，同农产品加工商签订销售协议，以维持农产品价格，增加农场主的购买力。规定凡是同政府签订合同的农场主，都可以从政府那里得到一定的补贴。该法还要求农业部部长设法扩大市场，减少剩余农产品。为此，1933年10月17日农业部成立了农产信用公司（CCC），负责向签订合同的农场主提供贷款，储存和处理剩余农产品。

罗斯福的新政将农业政策的重点转向了农业价格和收入支持，反映了国民经济再分配格局的重大调整，是美国农业政策历史上的一个里程碑。这一政策的出台，表面上是由一系列偶然因素催化而成，但其背后却是经济发展的阶段性规律在起作用。

《1933年农业调整法》为美国政府的农业保护政策奠定了基础，并在其后的60多年中一直起着重要的支撑作用。直到1996年4月4日颁布的《1996年联邦农业完善与改革法案》，才把对农业的支持由价格支持转向对农户收入的支持。其特点一是增加了农民的种植自由度和弹性种植面积；二是通过取消目标价格与价差补贴，改用弹性生产合同的方式补贴农民，使得政府的农业预算变得固定并可控制。根据这一法案，到2000年，政府的农业补贴由1996年的56亿美元降到40亿美元，对生产牛奶的补贴甚至降为0。这一变化既是为了减轻财政负担，也是出于顺应农业生产技术性进步的要求和履行乌拉圭农业协定的需要。

《1996年联邦农业完善与改革法案》从立法基础上看是由于农业的连续丰产丰收，使得农业补贴显得可有可无。然而，农业的好日子并没有长久延续下去。20世纪90年代末期农产品市场的持续低迷，使得农民的利益受到严重侵袭，人们越来越强烈地要求政府继续实施价格支持的政策。其结果是在2002年5月13日，在布什总统签署的新农业法案中，农业政策上发生重大转向，重新恢复目标价格，大幅度增加政府农业补贴。根据这项新法案，在今后10年里，美国政府对农业的拨款将增加到1800亿美元，比现有农业法规定的拨款增加了735亿美元。其中对农业的补贴提高了67%，补贴的主要对象是美国农业的主体即谷物和棉花生产农场。同时，对畜牧农场及其他农产品生产的补贴也比之前有不同程度的增加。此外，针对畜牧业、水果和蔬菜生产业的土地保护项目的开支也增加了80%，而这些行业过去是很少得到政府拨款支持的。

当然这项法案也有非经济因素的作用。人们注意到，美国新农业政策在中期选举年出台，不但对 2002 年年底共和、民主两党争夺国会席位具有重要的政治意义，而且对下一次总统选举也将产生影响。但这一法案在国际上却受到猛烈抨击，在美国众议院通过该法案的当天，欧盟发言人就表示，美国政府日益增加对本国农业生产的补贴将损害发展中国家的利益，这也是欧盟始终强烈反对的原因。加拿大农业和粮食部长莱尔·范克利夫也指出，增加农业补贴将使美国在下一轮全球贸易谈判中的信誉“遭到严重损害”。甚至美国的《商业周刊》也在评论中指出：“这一法案使美国农业回到了‘政府保证价格’的糟糕时代。它不但打击有发展前途的农业行为，鼓励过剩生产，且把纳税人数以百亿计的资金转移到一小撮农业大企业的口袋里。”

（二）发展中国家农业市场保护的背景

国家对农业的保护实际上不仅仅是一个财政补贴的问题，而且是一个国民财富分配格局的问题。发达国家当年通过技术革命和海外殖民掠夺，完成了初始的资本积累，现今的发展中国家却再也没有那样的历史机遇。从理论上讲，在“抽农补工”的分配格局下，瘦弱的农业需要支撑国家工业化的庞大计划，根本不可能获得额外的支持，财政补贴是不现实的。但是，这并不意味着发展中国家就不需要补贴农业。

事实上，发展中国家对农业也是有保护措施的，但与发达国家的农业保护有着本质的不同。它们的差异在于，发达国家的农业保护着眼于开拓农产品市场，保护农民收益，帮助其获得社会平均利润，改善农民的福利。而发展中国家的农业保护则着眼于增加农产品供给，以免衣食之虞，或者增加外汇收入（对于他们来说，这是换取外汇的主要途径）。发达国家的农业保护是以政府对农业的补贴和无偿援助为基础的，发展中国家则是以少量农业投入换取对巨额农业利益的潜在获取。

1973年，菲律宾政府实施了一项命名为“马萨加拿—99”的水稻生产计划。这一计划对农业有一些扶持政策，如通过农村银行和政府银行实行不附担保的所谓“自由信贷”，由政府派农技员进行农业技术指导和农场活动监督，提供销售市场和价格支持等。后来，菲律宾政府还借鉴别国的经验，于1980年6月成立了菲律宾农作物保险公司，以提高农民抗风险的能力。但这些扶持政策的目标却是很明显的，即为了将水稻产量提高到每公顷5000公斤，以实现大米自给。因为在第二次世界大战后20多年里，菲律宾的农产品特别是主要粮食作物大米一直不能自给。

事实上，近年来，不少曾经学习西方经验对农产品进行补贴的发展中国家也在往回走，以便政策措施与经济发展水平相适应。且不谈许多发展中国家还在继续征收农产品出口税，以剥夺农业利润，原有的农业支持政策也在萎缩。莫桑比克1997年取消了行政规定的粮食作物最低保护价，1998年又取消了大部分经济作物的最低价格。尼日利亚则取消了肥料价格补贴。委内瑞拉政府于1997年取消了优惠的农业贷款，仅保留对小农场的优惠农业贷款基金。印度在实现粮食自给后，也开始考虑适当减少对谷物、肥料和水电等农业补贴。

从这些情况看，发展中国家的农业支持政策大多是权宜之计，因为它们的经济发展水平还不足以为了经济公平和社会福利支持农业。它们的支持和发达国家的农业支持政策是完全不同的概念。

三、外国政府对农产品市场的价格保护

长期以来，对国内农产品市场价格进行保护和干预一直是国际通行的政策惯例。这一政策的要点是，政府事先设定一个价格，如最低保护价、中准价或目标价格，它与市场价之间的差额由政府财政予以补足。这种价格干预往往还与政府的直接收购行为相配合。这种政策机制的设立，反映了各国政府的宏观管理智慧。

（一）日本对农产品价格的干预

日本的农产品价格干预十分复杂，其中最有代表性的是对大米价格的保护。1952 年，日本政府为了保护本国大米生产，提高粮食自给率，实行了购销价格倒挂的“双重米价制”，即政府以较高的价格收购稻米，而销售价却低于收购价，其中的差价由政府承担。1960 年开始，大米收购价格采用“成本—收入补偿方案”，即大米以前 3 年的生产成本和劳动力成本为基础，劳动力成本按工业的平均工资水平来测算。工农业劳动生产率的差异等多方面的因素使得大米价格被严重高估。而为了稳定市场，大米的销售价格也没有按照成本来计算，被人为压低。其结果是，1986 年以前日本的大米收购价格一直高于销售价格。最为典型的是 1975 年，每 60 公斤大米的购销差价竟达 3365 日元，政府当年农业预算中用于补贴购销差价的款项就达 8110 亿日元。这种情况直到 20 世纪 80 年代中期以后才逐步得到解决。

除了购销价格倒挂的“政府米”需要政府的价格补贴外，从20世纪70年代以后开始出现的“自主米”也是背靠大树好乘凉，将政府收购价作为其托底的保护价。根据规定，农民的“自主米”不必卖给政府，可以在法定的稻米收购组织如农协和全国粮食收购团体中自主选择销售对象，双方可以自行议定价格。政府只提供一个标准米的指导价，但对其流通进行监督和计划指导。根据日本的粮食管理法，如果农户配合政府进行生产调整，政府就有责任收购农民的全部余粮。这就是说，当农民无法在市场上卖出好价钱时，就可以将粮食全部卖给政府。在这时，政府的收购价对农民的意义就不仅仅是一个保护装置，更重要的是给农民一个持久的信心。

除了粮食价格的干预外，日本对其他农产品价格的直接干预措施也很丰富。

为了稳定蔬菜价格，日本政府建立了蔬菜价格补贴制度。当蔬菜价格下跌时，由蔬菜安定基金会向菜农按规定的办法支付差价补助金，蔬菜安定基金会的资金由中央政府、地方政府和菜农三方共同负担，中央负担70%，地方和菜农各负担15%。

对食肉价格也事先设定安定价格带，如食肉价格下跌到安定价格带的下限以下，由半官方的畜产振兴事业团收购储存，待价格回升时再售出。

日本还成立了全国鸡蛋价格安定基金会，资金由畜产振兴事业团、地方政府和生产者团体共同出资。如果鸡蛋的价格低于补贴标准价格时，则由基金会向生产者支付相当差额90%的补贴。

日本政府也建立了农产品的最低收购价格制度，主要用于甘薯、马铃薯、淀粉、麦类等。政府对这些农产品规定最低基准价格，当市价跌到最低价格之下时由政府按最低保证价格收购。

（二）欧盟对农产品价格的干预

欧盟的农业保护政策源于第二次世界大战后十几年农产品供给不足、依靠进口的背景。随着欧共体的建立，欧盟开始采取支持与保护区域内农业发展的共同政策，使欧洲国家成为世界农产品主要出口国。其农业保护政策除对农业和乡村建设的财政投入外，主要手段仍是对农产品的价格与出口补贴等。欧盟农产品价格管理具有强制性干预与市场机制融合的基本特征。它综合运用财政补贴杠杆对农产品市场进行调控和管理。财政补贴主要用于欧盟价格干预政策的实施和欧盟农产品的出口补助。欧盟部长理事会每年在3月底之前都要决定下一生产年度（4月1日至次年3月31日）的农产品价格（包括目标价格、干预价格或者对生产者的直接支付）。当市场粮食价格比目标价格低10%～15%（干预价格）时，各国的干预中心（干预委员会派出机构）就有义务以干预价格收购农产品，以稳定市场价格。此外，在农产品集中上市的季节，欧盟还向生产者或商人发放补贴，由他们负责把农产品储藏一段时间后再上市。20世纪80年代以后，欧盟农产品开始出现过剩。为了稳定农产品市场价格，欧盟对成员国的某些农产品如牛、羊、糖类、土豆等生产实行配额控制政策，对撤出市场的产品予以补偿。欧盟对主要蔬菜及水果都规定了基本价格和购进价格，如花菜、西红柿购进价格为基本价格的40%～50%等。如果以上价格水平在市场上找不到买主，产品将退出市场，则生产者将得到一定系数的购进价格的补偿。退出市场的商品将分配给慈善组织或学校儿童，或用做动物饲料等。

同时，欧盟对外建立统一的农产品进口关税制度，并实行出口补贴制度，建立“补偿总额”，保证欧盟成员国的农产品在国际市场上有一定的价格竞争能力，以防止共同市场之外的第三国农产品对欧盟农业生产者的冲击。为保证欧盟市场不受国际市场粮食价格波动影响，欧盟还规定了粮食进口价格标准，凡进口粮食到岸价格低于进口价格标准时，就征收差价税，以保证成员国的粮食价格不受外部倾销的冲击。

（三）美国对农产品价格的干预

美国政府对农产品价格的干预较多，主要是通过农产品计划（commodity programs）、销售协议、保险计划和各种储备计划等措施实现的。

农产品计划的主要目的，是要把其他纳税人和消费者的一部分收入转移到农场主手中，而消费者则因食品供应的数量和质量的改进得到好处。具体来说，农产品计划就是通过“无追索权贷款”把“基本农产品”（basic commodities）的价格提高到市场价格以上，以此增加农民的收入。

所谓的“无追索权贷款”（non-recourse loan），即参与该项计划的农场主获得的由农业部农产信用公司（CCC）提供的一种担保贷款。其基本做法是，为保证农业生产者的基本收入水平，政府事先制定出每单位农产品的支持价格（即贷款价），在农产品收获后的任何时间，生产者可将农产品按支持价格抵押给农产品信贷公司而取得该项贷款。之后，如果市场价格不能达到支持价格水平，则信贷公司无权索回贷款，而当市场价格高于支持价格时，农场主可以自己在市场上出售农产品，然后再偿还该项贷款的本息。一般来说，政府制定的支持价格等于或略高于农产品的生产成本，且贷款利率远低于商业贷款利率，所以农业生产者可从此项计划中以较低的成本（贷款利率）得到获取高收益（市场价格高于支持价格）的机会。

美国农产品计划的另一项内容是目标价格补贴。1973年颁布的《农业法和消费者保护法》中首次启用目标价格和差额补贴的概念。目标价格（target price）是以生产成本为基础确定的价格，包括肥料和汽油等生产性费用、利息、税收和农业工资等经常性支出等，并包含合理的利润。在美国，虽然多个农产品计划都曾规定了目标价格，但只有当市场价格跌落到目标价格以下时，目标价格才有意义。目标价格与市场平均价格之差即为政府应该给予的差额补贴（deficiency payment）。一般情况下，政府会事先确定农产品的目标价格，以此作为计算差价补贴的基础，在农产品收获后，如果农业生产者以低于目标价格的价格水平出售农产品，则可获得政府的差额补贴，其数额等于目标价格与市场价格或政府支持价格（贷款价）这两种差额中的较高者。这种直接收入补贴措施填补了市场价格与目标价格之间的差额，从而保证了生产者的最低收入水平。根据有关规定，每年每个农民能获得的差额补贴最高限额为5万美元。

目标价格补贴的办法在1996年的农业法案中被取消，改变为新的农家收入保护网政策。但2002年通过的农业法又恢复了目标价格及相应补贴，只不过目标价格的水平比1996年前略低。

目标价格和贷款价格（loan rate）为美国农业提供了双重的保障。贷款价格保证了农业基本成本的收回，目标价格则保证了农场的基本利润，前者是价格性的补贴，后者则是收入性的补贴。

除了运用目标价格和贷款价格对农产品价格进行支持外，美国还配合使用了储存或缓冲库存计划，对农户进行超储补贴。该计划自1977年起实行，旨在鼓励农民自己储存农产品。其基本内容是，政府付给农民一定的储存费用，由农民储存其产品，并对谷物等农产品预先规定“释放价格”和“号令价格”。当农产品市场价格低于释放价格时，农民不能随便出售；当市场价格高于释放价格而低于号令价格时，政府不再支付储存费用；当市场价格高于号令价格时，农民必须在一定时间内出售其农产品，并归还“无追索权贷款”。这一计划有三个方面的效果：一是储存费用的支付，使农民获利，并保护了农民利益；二是具有缓解库存压力的作用；三是调节市场农产品供求关系，平抑市场物价。

四、与时俱进的农业市场保护与开发：从“黄箱”到“绿箱”

（一）传统保护方式的弊端

在传统的农业支持政策中，政府对农业的保护主要是价格，但价格补贴实际上具有双重目的，它不完全是对农民的保护，而是着眼于对农产品总供给与总需求的调控。

从本质上讲，价格补贴属于政府的价格干预政策工具。但在供大于求的情况下，价格调控政策一般是对农户有利的。这种调控往往会成为对偏低的市场价格的修正，带有一定的福利性。

这种传统的农业支持政策目前正面临着越来越严峻的挑战，不仅有来自国内财政支付的压力，更有来自世界贸易组织的压力。由于各国的农业支持政策实际上也是造成国际农产品贸易不公平竞争的重要原因，在各国间引发了很大的争议。关贸总协定乌拉圭回合的农产品贸易谈判就如何区分“贸易扭曲性生产措施”和“非贸易扭曲性生产措施”进行了艰苦而细致的讨论，要求对引起贸易扭曲的国内支持政策进行削减。

（二）“综合支持量”与“黄箱政策”

在农业保护的实际操作中，国际上引入了一个新的概念，用以描述各国政府支持农业的水平，这就是“综合支持量”（Aggregate Measure of Support，AMS）。“综合支持量”是衡量政府用于支持一部门投入的货币价值的指标。正如 WTO 农业协议对“综合支持量”的定义，“综合支持量”包括预算支出和从消费者向生产者转移的收入，其结果将导致市场价扭曲。“综合支持量”包括对生产者的直接支付（如差额补贴）、投入品补贴（如对灌溉用水的补贴）、能够引起市场价格扭曲的收入转移的估计值（如市场价格支持）、商品贷款计划的利率补贴的实际发生额或累计额。

WTO 农业协议所制定的农业规则主要有四项：市场准入规则、国内支持规则、出口补贴规则和动植物检疫检验规则。在国内支持规则中，WTO 农业协议规定，各缔约国都要削减其国内“综合支持量”。乌拉圭农业协议对各国的综合支持量有一个基本的界线，低于这个界线的可以保留，高于这个界线的则要在一定期限内不同程度地削减。

这个界线就是“微量允许标准”（de minimis）。根据农业协议第 6 条第 4 款规定：在计算某一特定农产品综合支持量时，如果计算结果不到该产品生产总值的 5%（发展中国家为 10%），则不必计入综合支持总量（Total AMS）。如果超过这一标准，则列入“黄箱政策”，必须逐步削减。

具体来说，列入黄箱政策的农业政策包括：价格支持，营销贷款，面积补贴，牲畜数量补贴，种子、肥料、灌溉等投入补贴以及某些有补贴的贷款计划。但这些政策中也并非一概要减让。如按固定面积或产量提供的补贴，根据基期生产水平 85%以下所提供的补贴，按牲口的固定头数所提供的补贴。另外，农业协议对发展中国家的一些黄箱政策给予了豁免，如农业投资补贴，为鼓励生产者不生产违禁麻醉作物而提供的支持，对低收入或缺乏财力的生产者提供的农业投入品补贴等。

以 1986～1988 年的平均水平为基础，计算各国的“综合支持量”，从 1995 年开始，发达国家在 6 年里逐步削减 20%的“综合支持量”，发展中国家在 10 年里逐步削减 13%的“综合支持量”。农业协议同时规定，各成员每年的总“综合支持量”不能超过已经削减了的上年“综合支持量”水平。协议还明确规定，为满足某些生产限制需要而给予的直接支付（如美国的差额补贴）应计入总“综合支持量”中，但这不能超过“微量允许标准”。

（三）间接性农业保护："绿箱政策"

WTO农业协议同时规定，"绿箱政策"不计入"综合支持量"，因而可以不作削减。所谓"绿色补贴"，是指政策执行某项农业计划时，其费用是由纳税人负担而不应从消费者转移而来，而且既不会对生产者产生不良影响，又能提高农业生产率和经济效益的补贴措施，是指那些间接性农业保护措施。具体包括：

①由公共基金或财政开支所提供的一般性农业生产服务，如农业科技研究与推广、基础设施建设、农业培训、病虫害防治与检疫检验、市场信息咨询等促销服务；

②为保障粮食安全而提供的储存补贴；

③国内粮食援助补贴，主要是为保障本国低收入居民粮食供给；

④单亲家庭农场补贴；

⑤一般性农业收入保障补贴，对因市场变动或其他原因对农业从业者造成严重损失时给予适当的补贴；

⑥自然灾害救济，地区援助计划；

⑦农业生产者退休或转业补贴；

⑧农业生产资源储备补贴，用于对部分休耕的土地的补贴；

⑨农业生产结构调整性投资补贴；

⑩地区发展补贴。

"绿箱政策"对农业的保护作用主要表现在两个方面：一是根据WTO《农业协议》规定，这些间接式的农业保护政策可以不计入国内支持总量，因而在加入WTO时，可免予减让，即WTO规定的国内支持总量的减让对象不包括“绿箱政策”所涉及的范围，同时也没有对其作出上限规定。二是“绿箱政策”中许多条款都涉及保护本国农业的可持续发展能力，这也是当今世界各国农业发展的趋势，因而“绿箱政策”得到了各国的一致赞同。其中政府对农业科研的投入计划、生产结构调整计划、贫困地区援助计划、环境保护补贴等都以此为目的，通过“绿箱”政策来调整农业发展方向及农业生产结构，提高农业科技含量和可持续发展能力，从而能够增强本国农业的竞争力，保护本国农业生产者的利益。

世贸组织农业协议的签订及“绿箱政策”的施行对各国农业保护政策具有重大影响，促使各国农业保护政策由以价格支付为主的直接式保护政策逐步向以“绿箱政策”为主的间接式保护政策转变。

过去大多数发达国家多采用以价格支付为主的传统农业保护政策，如欧盟高关税和向生产者提供高额补贴，美国对生产者支付生产、出口补贴，日韩等国限制重要农产品出口数量、对生产者提供补贴等。上述传统的农业保护政策在一定程度上刺激了国内产量并提高了农民的收入，但其代价却是巨大的：政府财政负担加重，国内资源配置效率低下，同时严重干扰了国际农产品市场的秩序，使农产品价格严重扭曲。

现在WTO农业协议规定了成员国国内支持总量的上限，并要求成员在关税上大幅减让，因此传统的以高关税和价格支付为主的直接保护政策不再适用，各成员纷纷将自己的农业保护政策调整为通过“绿箱政策”进行的间接保护政策。例如，美国、欧盟同意在1991～1992年的基础上将出口补贴预算分别削减21%和36%，国内支持总量在

1986～1988年的基础上减少20％。同时，美国于1996年制定了《联邦农业发展与改革法》，对以前的农业政策进行了重大调整。欧盟也对农业政策进行了系统改革，实施保护和开发环境的农业政策，为生态脆弱地区提供补贴，对植树造林进行补贴，以改善农业生产环境。

第二章　美国农业市场的开发与经营

现代美国政府对农业市场的保护与开发真正开始于20世纪30年代。第二次世界大战期间和战后以来，这种干预和调节更加系统化了。现在，美国干预和调节农业市场经济主要包括扩大农产品的市场需求，对农产品生产要素供给提供支持以降低成本，降低农业税、增强农产品市场竞争力，扩大市场销售等。

一、美国农产品市场的发育

（一）农产品市场的产生

美国是一个移民国家，印第安人是开发美洲的先驱，今天在美国广泛种植的玉米、烟草、马铃薯、花生等农作物，大约有1/3是源于印第安农业。在欧洲殖民者来到北美大陆以前，印第安人处于原始公社瓦解的社会发展阶段，主要以渔猎为生，从事原始的农业生产，品种很少，数量有限，水平不高，此时的农业市场并没有出现。

在欧洲殖民者来到北美以后，他们带来了种子、禽畜和较为先进的生产工具及生产技术等。更为重要的是，他们还带来了当时欧洲的生产关系，包括占领土地的贵族、开荒种地的农民、工商业者、雇佣工人和不同形式的奴隶以及商品货币关系。这是北美大陆农业商品化起源的主要原因。

从独立战争到南北战争期间，这是美国农业市场化发展史上的一个重要阶段。此时的美国经济主要是农业经济，农产品出口占总出口份额仍高达75%。另一方面，该时期美国经济表现出了两种特色：一是殖民经济特色，二是某种程度上的自给自足特色。前者主要是母国对殖民地的掠夺和殖民地对母国经济的依赖，这一点即便在美国独立后的几十年间影响依然清晰可见。如美国对欧洲出口的主要是农产品而进口的多为工业制品。后者主要是由于城市工业尚未大规模发展起来，城市化水平较低，农产品国内市场尚未充分发育，农业在很大程度上表现出了一种自给自足的状态。

但是到1820年以后，随着美国国内工业的迅速发展及运河与铁路的修筑，自给自足的经济结构发生了重大变化，农业生产不断向商业化转变。诸多跟农业相关的行业如食品加工、纺织、木材加工、制铁、制鞋、制衣、皮革、制糖等行业得到了迅速发展。美国农业市场化的一次重大突破是在收费公路、水路运输和铁路运输都已颇具规模时出现的。运输条件的改善使农产品和农用物资流通更为方便，为市场的扩大提供了可能性。与此同时，城市人口比以前增长得更为迅速，有利于提高农产品商品率。

（二）农产品市场的成熟

从南北战争到第一次世界大战的50年是美国农产品国内外市场迅速扩大的重要时期。国外农产品市场的开拓主要是在当时的欧洲。因为随着工业化和城市化的迅速发展，欧洲城市人口迅速增长，对农产品的需求大为增加。与此相反的是，当时欧洲农业发展比较缓慢，又加上当时欧洲本身处于困难时期，如普法战争等造成了农产品的缺乏。这一切都成了美国开拓国外农产品市场的重要推动力。这期间，欧洲农产品净进口大约有一半是来自美国。另一方面，这期间美国国内人口的增加，尤其是城市人口的激增，为国内农产品市场的扩大提供了有利条件，成为国内农产品市场兴旺的重要推动力。

两次世界大战期间，不仅是美国在政治、经济与军事上逐步建立了世界霸权的时期，也是美国实现农业全面市场化最重要的转折时期。第一次世界大战爆发后，战争引起了国内外对农产品需求的激增，农产品价格也因此得到了大幅度上涨，刺激了美国农产品的出口。战后的恢复时期，欧洲各国，尤其是西欧，受到战争破坏的农业生产还没有得到恢复，虽然人民生活非常贫困，购买力也非常低，但仍需购买较多的美国农产品。因此，美国农业生产和农场经营者的净收入得到迅速增加。

第二次世界大战使美国农产品市场再度得到了较大的发展。美国趁其他各国被战败、被削弱的机会积极向外扩张。在战时和战后的一段时期，向同盟国及其他国家输出了大量的农产品，几乎独霸了西方世界的农产品市场。战争期间，虽然实行物价管制，但农产品价格还是一涨再涨，美国农场净收入再次增加。同时，随着人口的增长，城市化水平的提高，国内的农产品市场不断扩大。随着农产品市场的成熟，农用生产资料市场也不断得到发展。

（三）美国农产品市场发育的经验总结

美国农产品市场化发展较快，除了客观的自然资源禀赋之外，还有一些它们自身的经验和做法，这里我们讨论的主要是美国当时农产品市场化发展的初始条件，而不讨论现在美国的相关条件，以试图总结出农产品市场的起初发展条件，为我国农产品市场化发育提供经验参考。

1. 农产品市场化离不开政府农业法律和政策的支持

在市场经济条件下，政府的宏观调控是农产品市场化发展的重要条件。从本质上来讲，这是由市场机制的缺陷和农业本身的产业特征来决定的，而政府的宏观调控又必须通过法律的形式来实现。从历史来看，从林肯时期通过的《宅地法》，到大危机时期通过的《农业调整法》，美国政府对农业发展从科研、生产、贸易等领域进行多方面、多层次的干预，如政府为农场主提供各种补贴，设立“农场主家庭管理局”和“农产品信贷公司”为农场主提供贷款等，而这些政策中尤其以科研最为明显和制度化。因此，这一系列比较完善的法规体系为农产品市场化的发展提供了强有力的保障。

2. 工业化与城市化是推动农产品市场化的强大杠杆

国家工业化对农产品市场化的推动主要表现在：一是工业需要农业提供愈来愈多的原料。食物需求扩大了对农产品的市场需求，刺激并加速了农产品市场化和农业生产现代化的发展。二是重工业的发展为农业生产技术的改进和农场的发展提供了物质技术条件，使农业逐步实现机械化，并得到化学肥料和农药，从而提高了劳动生产率。另外，随着工商业的发展，城市化水平能得到很大的提高，从而会增加对商品粮食的需求。另外，城市化水平的提高对农产品市场化发展的促进作用在不同的发展阶段都得到了很好的体现。

3. 发达的交通运输业

发达的交通运输业是促进农产品市场化发展的一个重要因素。首先它不仅能使城市和农村联系起来，而且可以沟通发达的工业区和广大的农牧业地区，使农产品市场不断扩大。其次，它在使农产品更加容易到达市场的同时，也为农民专门生产对其最适宜的农作物创造了有利条件，使农业生产的地区专业化成为了可能，因为农民可以在较短的时间内把农产品运到遥远的市场。再次，它也便利了工农产品之间的交换以及重型的农业机械设备的转移和使用。

4. 巨大的国内外市场

首先，农产品市场化意味着农产品的生产不再是一家一户的小规模经营，它需要以比较发达的社会分工为基础，包括生产要素供应体系，产前、产中、产后等社会服务体系，从而在全社会范围内实现资源的优化配置。其次，市场化的农业不是一种自给自足的经济，而是一种面向市场的经济，如果农产品不能通过市场进行交易，那么其价值就不能得到实现，尤其是在农产品市场需求并不旺盛的今天，积极开拓国内外市场对农产品市场的发育尤为重要。

美国农产品市场化发育一个很重要的原因在于当时存在着不断发展的巨大国内市场和国际市场。美国虽然是联邦制国家，但政府禁止各州设立贸易壁垒，从而形成了各州生产都可参与的统一市场。随着人口的增加和工业的发展，本国对农产品的需求大量增加，美国巨大的国内市场对农产品市场化的推进作用是其他国家所难及的。另外，农产品市场化发育始终是面向国际市场的，有大量的农产品出口到国际市场上，并且随着农业的发展，它还成为了一个重要的农产品供应者。

5. 农业生产的专业化

农业生产专业化是农产品市场化发展的必要条件。在市场竞争中，各地区依其自然资源和区位优势等，逐步适度集中某种农产品的生产，这势必使农业生产形成某种程度的专业化进一步得到强化。农业生产专业化有许多的优点，比如它便于农业机械更有效地使用，便于统一应用农业生产技术，便于统一的经营管理，便于运输和销售。由于农业生产专业化的目的是满足市场的需求，所以它的发展必然会促进农产品市场化的进一步发展。美国农业生产的专业化，不是由政府规划出来的，而是市场长期自发形成的。

二、美国政府增强农产品市场需求的措施

得天独厚的农业自然资源和不断进步的农业科技，使美国农产品长期处于过剩状态。美国农产品销售市场有两个：即国内市场和国际市场。政府对这两个农产品市场均进行干预和调节，以扩大销售。

（一）国内农产品销售市场

美国政府通过增加农产品的政府购买和消费支出，来增强农产品市场的需求量。美国食品过剩和饥饿现象长期并存。除采用减少农产品生产等措施来减轻市场供应“过剩”的压力外，还实行食品分配计划，如向低收入家庭和穷人发放救济食品计划，包括分配政府采购的一些剩余农产品、发放食品券以及在校学生午餐计划等，这样既减少了政府剩余农产品的储存，又缓和了人民群众强烈不满的

情绪。具体包括：第一，食品券计划。据1977年粮食和农业法的规定，从1979年起凡低于一定收入水平的家庭可全部免费获得食品券。第二，联邦儿童营养计划。其中以在校学生午餐计划时间最长、规模最大。随着放宽了在校生午餐免费和减价的条件，享受午餐免费和减价的学生增加颇多，政府为此拨款的数额也显著增加了。第三，食品分配计划。现在，食物赠与除用于学校的早、午餐计划外，还通过慈善机构、老年人营养计划和紧急食品援助等来实施。

另外，美国政府还通过向农民提供销售贷款差额补贴、反周期波动补贴来稳定农产品市场价格的波动。

第一，销售贷款差额补贴是政府保证农民顺利销售农产品的最低保护价。即政府预定一个农产品的销售价格，并以此价格贷款给农民，农民收获后如能在市场上卖到这个价格，政府就不给予补贴。如农民卖的价格低于此预定价格，二者之差就是政府给予农民的补贴。《2002年农业法》将花生、羊毛、蜂蜜、杂豆等品种纳入了销售贷款差额补贴范围。

第二，反周期波动补贴是《2002年农业法》新设计的一种补贴制度，即农民在收获后的10月份可得到上限为35%的计划支付，待第二年2月份可再得35%的支付，到12个月的市场营销结束后结账。当农产品的实际有效价格低于政府确定的目标价格时，政府向农民提供反周期补贴。该补贴与市场价格成反向运动，当农产品价格下跌时补贴增加，反之则减少。反周期波动补贴保证了农民的收入水平，也意味着政府为农民分担了生产风险，刺激农产品出口。《2002年农业法》将大豆、其他小品种油菜子、花生纳入了反周期波动补贴的范围。

（二）农产品国际市场

虽然政府采取了各种政策措施扩大国内市场的消费，但农产品消费量变化的幅度毕竟是有限的。所以，更重要的是国家通过立法和各种改革措施，竭力扩大农产品的国外市场，增加农产品出口，以解决农业产销之间的矛盾。历史上，美国农产品进出口贸易由民间企业经营，政府很少干预。美国政府全面干预农产品贸易是从罗斯福“新政”开始的，其基本目标是扩大出口，控制进口，这一点一直延续至今。美国政府全面干预农产品贸易的政策主要有：

第一，制定了一系列干预农产品贸易的法律。如 1954 年通过的《农产品贸易发展和援助法》，其主要内容有三项措施：一是“外币销售”，即授权总统允许“友好国家”用本国（地区）不可兑换的货币购买美国的剩余农产品，并将销售农产品所得的货币用于开发美国农产品市场以及军事、政治、经济、文化等方面计划；二是“饥荒救济和其他援助”，即授权总统以农产品信贷公司的食品直接援助“友好国家”和人民；三是扩大用农产品信贷公司剩余产品向国内外的救济计划提供赠与，并扩大用这种剩余产品交换战略物资的授权。后来几经修改，但处理剩余农产品这一基本目标始终未变。

第二，制订和实施促进农产品出口的推销计划。其主要内容概述如下：其一，降低农产品出口价格。这主要是通过出口补贴、赠与和降低贷款率等政策措施来争夺世界农产品的世界市场。出口补贴是政府出钱支持私人农产品进入世界市场的重要手段。根据《2002 年农业法》，美国在 2002～2007 年，投资 8.75 亿美元用于提高美国农产品出口的市场机会和拓宽国际市场；每年投资 4.78 亿美元用于援助那些因国外有关农产品实施出口补贴而受到损失的美国出口商。每年对新增生物技术项目投资 600 万美元，用于商签双边动植物和转基因议定书及快速对付非关税措施对出口造成的影响。此外，美国农业部还向美国出口商免费提供国际农产品综合信息服务。除直接的出口补贴外，美国还实施了规避出口补贴的间接出口补贴，即出口信贷。美国每年提供的补贴额度约为 30 亿美元。依据《2002 年农业法》，美国在 2002～2007 年将继续提供出口信贷，以促进加工品和高价值的农产品出口，同时将还款期由 180 天延长为 360 天。其二，向外国（或地区）赠与农产品。按有关规定，联邦政府有权把农产品信贷公司或私人库存的农产品直接赠与外国政府，也可通过国际组织或美国的慈善机构转赠。其三，通过降低国内贷款率来降低国内农产品价格，刺激农产品的出口。贷款率降低后，政府即向农场主支付差额补贴以弥补降低支持价所造成的损失，且减少付给出口商的补贴，因为国内市场价格和出口价格之间的差距缩小了。

第三，实施扩大农产品出口需求的措施。其主要内容是通过向进口国提供财政信贷援助或给本国农场主和出口商提供开拓国外市场的帮助，以扩大国外对美国农产品的需求。

1. 向受援国提供长期优惠贷款。根据有关规定，受援国可用当地不可兑换的货币购买美国剩余农产品，贷款存在美国的外币账户上，且可从这种账上提供促进该国经济发展为期 3～10 年的贷款。

2. 提供农产品出口的短期商业信贷。一是向国外进口商提供出口银行信贷和保证；二是农产品信贷公司可按出口销售计划，直接提供农产品商业性出口的短期信贷；三是农产品信贷公司为出口商提供转移交易风险的信贷保证，这种贷款数额较大，期限较长，利率较低，有利于促进农产品出口；四是混合信贷，即同时使用上述第二、三种信贷保证计划的贷款。

3. 以货易货计划。这是指农产品信贷公司根据有关法律的授权，用自己库存的剩余农产品同国外交换战略物资。这样可以一举两得，既可以推销剩余农产品，又可以获得急需的战略物资。

4. 中期信贷投资计划和开发国外市场计划。中期信贷投资计划是指向发展中国家提供中期信贷，用于促进当地经济发展的项目，以带动美国剩余农产品的出口。开发国外市场计划是美国同国外合作，以建立、发展、维持和扩大美国农产品出口的长期商业市场。内容和形式颇多，涉及技术、市场调研、报告会、商标、推销及设立办事机构等，但目标只有一个，就是开发美国的农产品市场。

5. 积极策划和参与多边或双边农产品贸易谈判，并签订相关的贸易协定，以扩大农产品出口的机会。这是美国干预和调节农业经济的又一个重要方面。美、英等发达国家几经谈判，于 1947 年签订了《关税及贸易总协定》，其目的是通过谈判来降低关税，拆除贸易壁垒，实现贸易自由化，扩大和发展国际贸易。在八次重大的贸易谈判中，与农产品贸易关系重大的有四次。分别是 1960～1961 年的“狄龙回合”、1963～1967 年的“肯尼迪回合”、1973～1979 年的“东京回合”（在这一回合中，在降低关税和取消非关税贸易壁垒方面不同程度地取得了某些进展）和1986～1994年的“乌拉圭回合”（在这一回合中，经过艰苦的讨价还价，达成了协议，成立新的世界贸易组织取代“关税及贸易总协定”）。在农产品贸易方面，美、欧、日等各方面都作了一定的让步，美国同意逐步取消大部分出口补贴，欧盟同意逐步减少补贴和降低关税，日本、韩国也同意逐步放开大米市场等。此外，美国政府还与农产品进口国进行双边谈判，达成为进口国提供进口保证和为出口国提供稳定市场保证的协议。

6. 农产品贸易保护主义的政策措施。作为世界上最大的农产品出口国，美国必须开放国内市场，以便其农产品顺利进入他国市场。同时，美国也采取了一些农产品贸易的保护主义政策措施，主要是非关税的贸易壁垒，以便实施其农业计划，保护本国农场主的利益。当一些农产品进口量增加较快时，美国政府即可实行进口限额制度，此外，美国有关的法规明确规定，进口的农产品必须符合安全、卫生和检疫的标准。否则，就被禁止进口。

三、对农产品市场供给的调节和支持

在美国，农业是唯一没有形成垄断、高度竞争的经济部门。因此，农产品价格几乎完全由市场行情，即农产品的供求关系直接决定。这样一来就会导致农产品价格和农民收入不稳定，对农业及整个经济和社会带来不利影响。就美国国内情况而言，农产品需求随外界因素变化的幅度很小，因此，基于消除或缓解农产品供需之间的矛盾的需要，美国政府从20世纪30年代起即对农业经济进行干预和调节，主要是调节和控制农产品的生产供给。

在农产品生产供应的调节和干预方面，主要通过农产品计划、销售协议和规程、作物保险计划等来控制产量增长过快，并通过各种农产品储备计划来调节市场供应量，从而保持农业生产和价格的稳定。

（一）农产品市场供给计划

政府每年均对主要农产品制订计划，限制产量，即根据上年库存相对下一年生产和国内外市场需求的预测，确定下一年对各种主要作物采取加强控制或放松控制的政策，并在下一年度前公布出来。而农场主则根据政府计划规定的各种补偿条件，自愿决定是否参与计划。现在，农产品计划一般包括下述几个方面的内容：

第一，贷款率（贷款水平或数额）和无追索权贷款。贷款率是政府按单位产品价格给参加农产品计划的农场主提供贷款的数额，使农场主把自己的产品保存到迟些时候出售。农场主要在收获后，拿自己的产品作抵押才能从农产品信贷公司获得为期 10 个月的短期贷款，以便等待有利的市场价格出售产品。如果在头 5 个月的市场价格高于贷款率加利息，则农场主可出售产品后再归还现金。如果同期该产品的市场价格低于贷款率，则农场主可把产品交给农产品信贷公司。法律规定，农产品信贷公司不能让农场主退回超过市场价格的那部分贷款，故称无追索权贷款。

第二，目标价格和差额补贴。所谓“目标价格”是以农业生产成本为基础，并使农场主获得一定的利润的价格。但是，只有市场价格低于“目标价格”时才有实际意义。因为当市场价格高于目标价格时不存在差额补贴问题。而当市场价格低于目标价格而高于贷款率时，农场主按市价出售产品，市价与目标价格的差额部分由政府补足。若市场价格低于目标价格和贷款率，则政府补足目标价格与贷款率之间的差额。

第三，削减播种面积计划。通过颁布相关法令法规，逐步削减播种面积以减少农产品的供给量，当然，在削减播种面积的地域，政府要给予当地农民一定的补助，以弥补由于减少播种面积而带来的减产减收。

第四，灾害补贴。这是联邦政府付给因自然灾害而不能播种或严重减产的主要农作物生产者的补贴。因干旱、洪涝及其他自然灾害而致使花生、大豆、甜菜、甘蔗不能播种的面积达到一定比例者，可获得未播灾害补贴。

（二）农产品销售协议和规程

除主要农产品外，政府对其他农产品一般不予干预和调节，但对其中的个别产品在某些年份也列入计划。例如，对于牛奶、水果和蔬菜这类容易腐烂变质的农产品，农业部则在一些地区实行“销售协议和规程”，但须得到 2/3 以上的生产者同意才能实施。其目的是调控农产品上市的时间、数量和质量，维护市场秩序、稳定供应和价格。这种销售协议和规程始于 20 世纪 20 年代，后来虽几经修改，但基本原则至今未变。

（三）农产品储备计划

美国农产品储备计划始于 20 世纪 20 年代，30 年代后得以逐步完善和发展。其主要目的是调节农产品市场供应和稳定农产品价格。由政府资助和支持的农产品储备计划，可分为政府储备和农场主储备两种：

联邦农产品储备计划。这一计划是 1933 年根据总统命令成立的，首先由农产品信贷公司开始实施。进入 20 世纪 70 年代后，由于世界粮食减产和苏联大量进口粮食，才使美国粮食由过剩变为库存不足。这样一来，农产品储备计划不仅是价格支持的一种政策措施，而且成为应付国内外需求变化的一种手段，从而增加了实施这种计划的难度。从 20 世纪 70 年代中期起，美国一方面放松了对农业生产的控制，另一方面则进一步采取鼓励农场主储备产品的有关措施。

至于农场主农产品储备计划，则是从 1929 年颁布和实施农产品销售法开始的。政府向农场主提供建造仓储设施的贷款，以增加农场的农产品储备设施，改变原先农场储备条件差和储存量不足的落后状况。

（四）联邦作物保险计划

这是保证农场主尤其是多灾地区农场主获得稳定收入的政策措施。早在 1938 年国家就通过了联邦作物保险法，并拨款一亿美元建立了联邦作物保险公司，提供全风险的作物保险。现在美国的作物保险计划主要有如下三种：一是全风险保险计划，即对遭受各种自然灾害影响而减产的作物提供保险；二是区域单产保险计划，即向单产接近的地区提供作物保险；三是气候作物保险计划，即对有某些特殊气候因素的地区提供保险，这类保险在气候条件对作物影响较大的地区比较发达。

（五）联邦灾害援助计划

这是美国联邦政府向遭受各种自然灾害的农场主提供贷款、补贴等援助的计划。此计划始于 1918 年，以后得到了逐步完善。目前这方面的计划主要有：

第一，灾害紧急贷款计划。若生产因自然灾害受损失达30%或更高，农场主可从政府获得实际损失额80%的贷款，利率较低。

第二，经济紧急贷款计划。根据1978年95—334号公法的规定：农场主家庭管理局给处于“经济困境”而又无处借贷的农场主提供贷款。

第三，牲畜饲料计划。据1977年的修正案，当禽畜生产者因灾害而得不到相应饲料供应时，农业部可向他们提供购买饲料成本50%的补贴。

第四，灾害补贴计划。据有关法律规定这种补贴只发给参加耕地面积缩减计划和作物保险计划的谷物和棉花遭灾的生产者，以促进农场主参加联邦作物保险计划。

四、美国农产品市场信息的收集与发布

美国政府高度重视农产品市场信息的收集、发布工作。早在19世纪后期，美国政府和农业领域的决策者就已认识到，通过收集和发布准确、无偏见的农产品市场信息，可纠正农产品特别是易腐农产品市场中存在的诸多问题。经过数十年的发展，美国已形成一套比较完整的农产品市场信息收集、发布体系，农产品市场信息及其运行过程中的各个环节都已达到规范、有效。

（一）通过立法确保农产品市场信息的收集、发布

为确保农产品市场信息的客观、公正，美国政府通过立法授权形式，将农产品市场信息收集、发布工作纳入美国农业部的政府职能。基于《1946年农产品运销法案》，美国政府制订了市场新闻计划，确定美国农业部农产品销售局为市

场新闻项目执行机构。市场新闻服务的首要任务是为农产品的买卖各方提供及时、准确、公正的市场信息，包括供应、需求、价格、趋势、运输及其他能够反映当前市场情况的信息。此市场信息有助于生产者制定生产规划及市场战略。同时，它以正式的术语体现，更有助于农产品的买卖双方在讨价还价上处于公平地位，促进市场的有序发展。

政府以项目形式从年度财政预算中拨款，用于收集和发布市场信息。目前，美国政府用于农产品市场新闻的年度预算为2200万美元，按品种分为牲畜、种子和蔬菜、水果、棉花、奶类、家禽、烟草7个项目，由相应的7个处分别执行。7个项目的预算额及人员配备不等，按商品的贸易地位确定。但在机构设置、组织形式、运行机制等方面基本一致。

（二）将市场信息收集、发布的整个过程及人员都纳入农业部统一管理

市场新闻计划由市场新闻项目执行机构统一管理，州协助执行。美国农业部与各州农业部门间保持着平等、密切的合作关系。美国农业部向各州提供技术支持和监督，以保证在全国范围内应用美国农业部质量分级标准和统一贸易术语。美国农业部在全国各主产州、批发市场、拍卖场、装运点等都设有市场新闻办公室，各市场新闻办公室的报告员都是联邦政府或州政府的雇员。并且，所有报告员上岗前必须经过农业部培训并获得资格证书。

（三）建立农产品市场信息收集、发布制度，使市场信息标准化，工作规范化

为了保障市场信息的准确、及时，市场新闻项目执行

机构在全国各环节收集市场信息时，采用农业部统一的分级标准、格式和正式术语，定时收集和发布信息。全国各地方市场新闻办公室的报告员每天以电话和面谈的形式从买卖各方收集信息。收集信息时，报告员要填写统一的表格，然后将数据输入数据库，并根据收集到的信息写出当天的市场报告，再将数据和市场报告都传送到华盛顿总部。为了避免虚假信息，报告员要向买卖双方询问同一信息，以此来核实信息是否准确。

另外，美国政府在市场信息收集、发布工作中严格遵守保密制度，主要体现在两方面：一是依法保护企业利益，只发布汇总后的信息，不发布涉及单个企业商业秘密的信息。二是农业部发布趋势性信息前，要召开有关部门参加的信息磋商会；正式发布信息前，磋商会所讨论的信息要严格保密，任何人不得泄露；到规定的发布时间时，信息便解密，由农业部统一向社会各界发布。信息的保密期不到一天，但防止泄密的措施相当严格，目的是保证各方处于公平竞争的地位，避免个别企业因提前获得信息而牟取暴利。

（四）明确立法和行政部门的分工和职责，允许地方直接发布市场信息，提高信息的使用效率

美国政府在市场信息体系建设和运行过程中，立法部门和行政部门的分工非常明确。市场新闻项目执行机构是政府行政机构，不以营利为目的，雇员为国家公务员。因此，市场新闻项目执行机构所收集和发布的市场信息更具权威性。

美国农业部在与地方的合作中，是通过技术支持、人员培训、制定标准等方式对州农业部门的市场信息工作实

行监管，而不是干涉、限制地方的业务工作。美国农业部允许设在各州和市场内的市场新闻办公室直接面向社会发布信息，但其发布的信息要符合农业部的规范。全国各地市场新闻办公室将每天收集、整理的信息报送美国农业部总部，同时，直接将这些信息在网络上发布。这样可保证信息的时效性，提高使用效率。

美国加利福尼亚州对农产品市场的开发与经营

加利福尼亚州是美国的农业大州，是世界上第五大食品及农产品供应基地。加利福尼亚州农产品几乎无所不包，从世界著名的葡萄酒到本州的杏仁与草莓等。在加利福尼亚州种植的350多种农作物中，水果、果仁、蔬菜等是主角，还有不少是只在加利福尼亚州种植的特产，包括：杏仁、桃、无花果、柿子、葡萄干、糯米、菊芋、梅干、橄榄、石榴、三叶草子、核桃等，这些加利福尼亚州特产作物的经济价值占了加利福尼亚州农产品总价值的92%，其余的计划农作物，如水稻、小麦、玉米等的价值仅占8%。这就是加利福尼亚州特产农业的特色所在。

设立许可证制度，农贸市场杜绝了二道贩子

数十年来，在加利福尼亚州肥沃大地上辛勤耕作的农人们，使得加利福尼亚州成为了美国第一大农产品生产与出口基地。无论是早餐、午餐还是晚餐，美国人餐桌上的东西十有八九都产自加利福尼亚州。目前在全美国普遍建立的“许可证农贸市场”，为加利福尼亚州种植特产经济作物的农场主提供了一个保障收

益、促进发展的平台。

在加利福尼亚州大大小小的市镇，每星期的每一天都会有农贸市场在不同地点开放，这些市场或设在停车场里，或就在车水马龙的街道边上摆起一个接一个的摊位，市镇居民们买些新鲜的水果蔬菜非常方便。

农业经营者莉迪娅说，她家的农场是从 1997 年开始经营的。在南加利福尼亚州地区共有 4 个农场，一共有大约 40 到 50 英亩土地。主要种蔬菜，也按时令种一些水果。春季种草莓，夏季种西瓜，也种一点番石榴，还有一些绿色食品，像黄瓜、樱桃、西红柿等。计划作物种了一点玉米。除了没有种水稻、小麦之类，其他果菜都种了一点，因为南加利福尼亚州各地市场的品种需求不一样，保证作物有一定的多样性，可以减少风险，确保收入。

莉迪娅说，一家人经过辛勤劳动，换来了蔬菜、水果等的丰收后，就想参加“许可证农贸市场”，直接出售自己的产品，但这需要得到州农业厅的批准。“我们提出申请后，加利福尼亚州农业厅派人来核查我们种植的品种，然后发给上市许可证，我们仅缴纳许可证的工本费。然后每次在市场出摊后，再向市场管理缴当天销售额 6%的市场管理费。”

说到市场管理费，“许可证农贸市场”制度要求在市场出摊的农场主，每次按当天交易额的 6%～10%缴纳市场管理费（在规模大、顾客多的市场管理费可达 12%），而这完全是一种基于相互信任的君子协定，因为，市场管理人员并不去核查农民带了多少东西，卖了多少钱，全凭摊主自报交易额收费。一般一个摊位一天的销售额约为 300～500 美元。

以洛杉矶唐人街的一个市场为例，这个市场是 2002 年 5 月开始营业的，每周四下午风雨无阻。市场规模不大，一般有 10 多个摊位，有的农民要开 6 小时车，从加利福尼亚州中部的农业大县弗雷斯诺赶来出摊。开设这个市场的初衷，是为了吸引更多的人们来逛街、购物，推动经济发展。在这个“许可证农贸市场”上出售的主要是适合华人口味的亚洲品种蔬菜，质量比超市的好，价钱也比超市的贵一些。因为这里保证是农民刚从地里采摘出来的新鲜货，不含任何保鲜化学物质，这也正是市场受欢迎的原因。

莉迪娅也说，这个“许可证农贸市场”对她们菜农来说，真的非常好，她们的生意一直很不错。参加“许可证农贸市场”的农民，只能出售自己种的产品，不能倒买倒卖，这是规定。她说：“每次我们到一处农贸市场出摊的时候，市场的管理人员都会过来看一下，验一下证件，核实一下销售的产品与证件所标注的内容是否一致。有时，在市场出摊的农民之间也可以做一点物物交易，比如我拿自己种的西红柿换一点别人的花生，这样是许可的。”

莉迪娅的“许可证”是用一个透明塑料夹夹着一叠资料，除了有摊主的姓名、住址、电话等个人身份资料，还列出了摊主所种植经营产品的名称、品种、数量等详细资料。在市场出摊的农民，都把这份许可证挂在摊位帐篷显眼处，市场管理人员可以来查验，买东西的顾客也能看得见。

莉迪娅的农场是她父亲一手操持起来的，她父亲

20 多年前从墨西哥移民美国，在加利福尼亚州落脚，种菜谋生，两三年后父亲的农场就扩大了，她和哥哥就来帮父亲的忙。她说，“许可证农贸市场”是个好政策，为辛勤的农民提供了一个经营平台，只要肯出力、肯动脑，就能多赚钱。

加利福尼亚州农业厅厅长河村介绍说，“许可证农贸市场”是一个新兴的、令人振奋的新市场领域，不光是加利福尼亚州，全美各地的农民、农场主都在参加这个项目。它为全美城市社区提供了新鲜、安全、优质的食品；为农民提供了一个机会，直接与公众、市民交易，而无须经过任何中间商。市场的最成功之处在于可以提供多样化的产品，例如，味道非常鲜美的西红柿、蜜桃等。

“许可证农贸市场”是在尝试形成一种特色市场或者说特色产品市场，这样的市场一出现就非常受欢迎。有很多民众在向市中心迁移，他们与农业区失去联系后，甚至不知道从哪里采购食品。有了“许可证农贸市场”，市民与农民有了直接联系，他们宁愿多付一点钱。因为这些市场上的产品比超市的价格贵些，但东西要新鲜得多。人们更相信这些产品，认为这有助于保证加利福尼亚州农业的标准。“许可证农贸市场”项目是得到联邦政府鼓励的，各州政府负责管理这些市场。

河村厅长强调，这种市场的重要之处在于，到市场销售农产品的，必须是生产者本人。也曾出现过有人冒充农民，所以需要各州政府来为这些生产者发放上市许可证。当然，农民们也可以到各类跳蚤市场出摊，那是不用开许可证的。

特产在加利福尼亚州农业中占主导地位，特产作物得不到国家任何补贴。仅以2004年为例，加利福尼亚州农业直接销售上升了10%，销售额达318亿美元，创历史新高。加利福尼亚州共有7.7万个农牧场，仅占全国总数的4%，但加利福尼亚州的农产品占了全国农业直接销售额的13%。在直接销售额中，加利福尼亚州的头20种农牧产品占了全州农业总收入的80%。在2004年增长最快的为牛奶，产值为53.7亿美元，其次为杏仁和葡萄。

一般来说，种粮食的农民与种经济作物的农民之间在收益上都有差距，有时差距会很大，如何保护种粮农民的积极性并保障他们的收益，是政府的一大重要课题。从各种调查结果来看，加利福尼亚州是一个农业生产大州。以生产总量来看，除了美国、欧洲、中国、巴西等4个国家和地区外，加利福尼亚州是世界上第五大农业产区，加利福尼亚州种植着350多种农作物，但其经济价值的92%都是加利福尼亚州特产作物，只有8%作为计划作物，如水稻、小麦、玉米等。

在美国，所有种植计划作物的农民，都得到联邦政府的各类政策支持。对这些农民的收入、福利以及补贴，都由联邦政府保障，比如种水稻或小麦的农民。但在加利福尼亚州，种玉米或大豆的很少，占的百分比很小，而中西部的像北达科他等州，从联邦政府得到的对农民的直接扶持要比加利福尼亚州多得多，就像世界其他国家一样，政府直接补贴种粮食的农民，以保障他们的福利。加利福尼亚州的农场经济是建立在真正的市场基础之上的，农场主完全靠市场，没有其他的政策扶持。

农业厅的重要职能是为农民开拓市场，促进农产品销售。

加利福尼亚州农业厅的主要职能是为农场主提供服务与保护，帮助农场主推销农产品，并不能为农民提供直接财政帮助。人们也许并不了解，美国所有的非计划作物，如蔬菜、水果、果仁之类的种植与经营，都得不到联邦政府的财政补贴，无论大小农场主，都需要靠销售、靠市场，与其他产品竞争。加利福尼亚州农场主的收益，主要看产品，而不在农场的规模大小，如有的酿酒葡萄的农场，规模不大，但收益很好，种5～10英亩葡萄的农民，可能比种上千英亩小麦的农民收入要高。

州政府对中小农场的扶持也主要是通过产品推销活动来体现。中小农场主可以向州政府申请帮助推销产品，例如，不同的苹果、西红柿、桃子种植者都组成自己的行业协会，会员们分担市场调查研究及得到其他资讯所需的经费，这些经费都由果农们自己掏腰包负担。总体上，这是加利福尼亚州农场经济运作的基本状况，各行业协会或产品销售组织发挥作用，这些协会都不是政府机构，而是私营团体，会员们自愿接受协会的评估，然后根据产量规模缴纳会员费，即可得到协会在市场调查或产品销售方面给予的支持。

农场主们像所有人一样要依法向联邦和州两级政府缴纳个人所得税，此外，农场主如果要做一些特别项目，比如为雇工盖住房等，就要得到政府批准，要依法申请执照，并缴纳执照费；农场主要用水或开发水利，也要缴纳水费，像其他任何行业的人们一样，所以除了这些正常的州或联邦税费，加利福尼亚州农场主没有其他的税费负担。加利福尼亚州的农、牧场主是最有远见的，他们在寻找新的更好的方式来生产高质量的食品与食物纤维，同时注意精心地保护环境。为此，加利福尼亚州的农、牧场主们把传统的精耕细作与新技术结合在一起，这个独特的传统与创新的联姻，使得加利福尼亚州成为美国最高产的农业州。1987 年来，加利福尼亚州农业厅致力于保护与促进加利福尼亚州的农业发展，为美国民众提供最优质的服务，鼓励农牧业和农业商贸事业的发展，同时保护消费者的利益及自然资源。

农业进军全球市场

将加利福尼亚州优质农产品推向全球市场，是加利福尼亚州农业厅的一大职责。加利福尼亚州向世界近 150 个国家出口农产品，其中前 10 个出口目的地占去了出口总值的 84％，最大的 4 个出口目的地是欧盟、加拿大、日本和墨西哥，占出口总值的 2/3。在 2004 年，加利福尼亚州的农业出口首次超过了 80 亿美元，创历史新高，与 2003 年相比增长了 9％，而与 2002 年相比则增长了 25％。

加利福尼亚州农产品最主要的市场，还是美国国内的其他州。只是在近 5 年里，对外出口才超出国内市场销售。1999 年时，只有 16％的加利福尼亚州产品被销往海外，而到了2004年时就增长为22%，显然，世界各地都在享受加利福尼亚州农产品。加利福尼亚州农产品的质量、新鲜度及无与伦比的美味，使得加利福尼亚州农产品在国内外市场都备受欢迎，那些每天奔波在加利福尼亚州各地“许可证农贸市场”的农民因此大得实惠。

第三章　加拿大农业市场的开发与经营

加拿大农业耕种面积为6750万公顷，人口3300万，人均2公顷。在包括农牧业、林业、渔业、矿业和能源在内的基本产业部门中，加拿大农牧业产值名列矿业和能源之后，是加拿大基本产业中的第二大经济部门。加拿大现有农场30余万个，农村人口200万左右，约占总人口的6%。加拿大农业可耕种面积大、耕作技术先进、产出大决定了加拿大农业是出口主导型。目前，加拿大70%～80%的农产品进入国际市场。

加拿大从政府到农民都有一个共同认识：几十年来，无论在加拿大还是在整个世界范围内，农业生产均取得了重要发展和进步，而今天发展的速度日益加快。发展也是竞争。加拿大感到了新挑战，同时也在争取和创造农业增收的机遇和途径。

加拿大要保持以往的成功，必须积极应对长期以来的农产品价格偏低带来的挑战。发展中国家农业自给自足的努力减少了对进口粮食的依赖，美国和欧盟国家对农业的大量补贴以及加元的大幅升值，均成为挑战加拿大农业的重要因素。此外，口蹄疫、疯牛病、禽流感等与食品密切相关疫病的发生，造成加拿大广大消费者对粮食及食品质量要求的不断上升。消费者对食品的生产、食品的标准提出了更严格的要求。生产者必须在食品质量和食品安全方面超越竞争对手，才能在竞争中保持有利地位。

一、适应市场发展需要的农业产业化组织

为了促进农业生产的发展，适应市场需求，提高产品竞争力，经过长期的发展和不断调整，加拿大已建立起一套完善的社会化服务体系，为农业生产服务，特别是产后加工销售服务等。农产品通过合作社集中加工销售，不仅把增值的工商业利润留给了农民，提高了农业自身的经济效益，而且使家庭农场的生产与大市场有机地连接起来，提高了农民作为整体在市场上的竞争力。近两年来，加拿大还对合作社进行了改革，旨在更好地保护生产者和合作社的利益。比如在合作社的基础上发展为股份合作公司，对公司管理的权限大小由股份额来决定。这样既保留了合作社的性质，又兼顾了不同规模生产者的利益，同时也有利于股份公司本身的发展。

（一）农业市场经营以农民增加收入为目的

加拿大和中国一样面临着农业生产者收益小的问题，两国同样关心农民增收的前景。要改造农业，就要让农民不仅生产初级产品，也生产加工品。食品加工业利润大，要让农民进入食品加工的利益链，才能把农产品延伸为加工食品，比如让相关初级产品转化为生产乙醇和生物柴油，就能增加收入，增加就业。从加拿大采取的措施来看，如果一个农民想进入加工业，则由他提出可行性报告，交与专业人员评估；如可行，申请人可向政府申请贷款，把不同规模的食品加工业搞起来，使自产的或购入的农产品变

成高附加值的制成品出售。政府出钱培训农民，让他们在自己生活所在地获得技术，或为农民进城工作进行培训。比如，加拿大曼尼托巴省对农民进行多种多样的培训，从计算机、管子工到面包烤制。宗旨是让农民获得新知识、新技术。政府要提供市场信息，要总体把握生产多少，加工多少，要决定加工与生产的最佳比例。

加拿大农民富于创新，适应变化能力较强。但由于农业本身的性质和市场变化的制约，农业生产依然存在一定的风险。为帮助农民避免风险，加拿大实行农业保险政策。由加拿大政府出资，补贴粮食和油菜子等农产品因降价对农民造成的损失。如果一个农民今年收入比过去 5 年平均年收入下降，政府就出钱补足下降部分。当然，这依靠严密的税收制度和审计制度。如果农民让土地休耕，保险金就会下降，政府的补偿也相应下降，这样就可以刺激农民增产的积极性，也稳定了农民收入。

农民个体产出少，单独运作难度大，只有合作才有力量。因此，加拿大重视农民合作社的作用，自己可以决定发展方向，生产什么可自行调节。如果小麦收益小，就可以改种其他作物，可以搞轮作。自己有了控制能力，就可以共同进入市场。合作社由农民自己推动成立，可以在一村、一县范围内成立一个合作社。

（二）农场经营规模的市场决定机制

在加拿大广阔的土地上，多种农业生产模式自由发展。加拿大农业政策强调采取整体措施，鼓励优化创新，用适应市场竞争的管理经营方式促进农业增长，进而加强加拿大在国际市场中的竞争地位。

1. 大农场：靠生产规模产生市场效益

据加拿大农业普查结果表明：最近10年内，加拿大农场的数量下降了，但农场的规模却扩大了。2006年，大农场（总收入大于25万加元）数量仅占农场总数的17%，但产品量却占总产品量的60%。

大农场呈现出规模化、机械化、集约化和高度市场化的特点，以其市场规模增强市场竞争。

考克伦先生的大农场运作

加拿大农业大省曼尼托巴省素有“世界面包篮子”之称。位于曼尼托巴省城温尼伯以西150公里处的斯坦·考克伦先生的农场，体现了大农场实际运作中的经营管理之道。考克伦系苏格兰后裔，历经三代积累，加上他本人经营有方，才逐步办起了大农场。农场有各种大中型车辆和农业机具100台以上，土地4000英亩（1英亩约合6市亩），牛近千头，储粮仓7座，住宅一所，总资产不少于500万加元。考克伦先生市场信息灵通，善于调整生产结构，注重质量，注重技术，产品多样化。

考克伦先生介绍说，2002年以来，在加拿大种植小麦的投入已与产出价值基本相当，如无政府扶持，已无利润可言。他的农场土质较差，由于冰川移动，有的地块有岩石露头现象，不利于耕种；加之无灌溉设施，种植小麦系“靠天吃饭”，产量也只有每英亩1200公斤。于是他于10年前决定向饲养肉牛方向发展。

2004年，考克伦以1000英亩土地种牧草，1000

英亩种葵花子，把剩余部分土地种植小麦或大麦。上千头牛每天需上万公斤饲料，完全靠自己生产牧草和粮食解决，因而节省了大笔饲料开支，降低了养牛成本；另外，引进法国肉牛“利姆金”，这种牛成长期短，出肉率高，肉质好，在市场上被称为“天然牛肉”，很受消费者欢迎。农场备有运牛卡车，每车可装50～60头牛，这又节省大量运输费用。目前他每年售出约500头牛，每头净利润250加元，一年利润可达12.5万加元。不过他的利润还不包括省下的饲料和卡车运输等费用。他已计划在今后两年内把存栏头数增至1500头，继续加大自产农产品转化成牛肉的能力，以增加效益和收入。由于种植葵花子的投入与小麦相当，但回报远远高于小麦。因此，上千英亩葵花子也给他带来不菲的收入。

考克伦先生的农场技术先进，设备堪称一流。小麦或大麦播种采用免耕法，播种机一次可播种72垄小麦，播种和施肥（液态氮肥）一次完成。播种深度2～3英寸，行距8英寸。牵引的拖拉机由计算机控制，经过卫星全球定位系统定位后可实现无人驾驶，自行牵引。重复播种面积不超过7%（以前人工驾驶重播面积为20%），每天可播种400英亩土地。葵花子收割机每次收割20多垄，收打一条龙，一次完成。饲料加工机，既可加工饲料，也可自动在牛栏前施放饲料，免除饲养员给料之苦；粮仓是钢体全封闭式，自动干燥，自动进出粮食。无鼠害、无霉变。每仓可储存大约1100吨小麦。

考克伦先生的农场每年销售额在百万加元左右，

去掉成本，利润在50万加元之数。他正筹集贷款，准备买下邻近一家农场，进一步扩大生产。考克伦先生的农场体现了加拿大农业产业化的特点。

2. 小农场：靠绿色有机农产品赢得市场

有机农业是加拿大农业生产的一股新兴力量，市场非常看好。加拿大人消费有机食品不仅仅是为了健康，更是出于道德、环境等方面的考虑。与常规农业的显著区别是，有机农业生产禁止使用农药、化肥、转基因作物、抗生素和生长激素等，主张建立作物、土壤微生物、家畜和人的和谐系统。加拿大有机食品零售额2003年为9.86亿美元，2005年约达17亿美元。据预测，到2010年，加拿大有机农业的总产值将占全国农业总产值的10%，有机食品消费在未来10年内预计将以20%的速度增长。加拿大有许多小农场经营者，靠有机农业拓展市场空间。

经营小农场者主要从事瓜果和蔬菜生产，一般规模不大。但他们为加拿大农业带来新的经营方式和经营理念，以及一定数量的投资。他们在为加拿大农业作出贡献的同时，也增加了自己的收入，扩大了自己在加拿大的发展空间。

华裔刘先生的"东方绿色蔬菜"

华裔刘先生于1995年离开加拿大农业部门的技术工作岗位，自己开办家庭农场。他用3万多加元买入约100亩土地，另在温尼伯城西30多公里远的公路旁买下一处两层的小房子，房子旁有几十亩属于他的土地。10年来，以密集型的劳动投入，用温室大棚加大田耕作相互配合的生产方式，依靠“东方绿色蔬菜”的特色农产品开拓了市场，“以小为大”，刘先生大大增加了收入。

刘先生学农学出身，熟悉温尼伯一带的土壤气候条件和农作物栽培技术。他从美国购入优良蔬菜品种，如西红柿、油菜、芹菜、黄瓜和豆角等，先在温室育秧，然后移栽。这样就抢得市场先机，并实现一年多季收获。更重要的是，加拿大消费者推崇绿色食品，能达到规定标准的绿色食品的均价要比普通产品高两倍以上。不仅蔬菜水果实行“有机产品价格”，粮食作物也是如此。这给像刘先生这样的小家庭农户确立了“以小搏大”的观念，在小规模经营上做增大收入的文章。另外，加拿大对小农户采取燃油和电力价格等方面的优惠措施，也降低了小农户经营成本。

刘先生采用逐年增收、逐年增加投资的办法。3年前，他建起第一个温室大棚，大棚长约27米，宽约7米。他在温室内种30余垄西红柿，每垄栽植10余株。肥料是从附近养牛场免费运来的牛粪，基本不用农药。长势良好的西红柿株高达2米以上，每株出产70余斤，一垄可产千余斤。由于是绿色食品，市场利润极好，一个夏天卖出的西红柿，就可赚回建一个温室大棚的投资。冬季温室需加温，使用烧木材的火炉，现在曼尼托巴大学农学系正与刘先生开展合作，研究用太阳能解决大棚取暖问题。农场只有一名正式工人，农忙时节，到附近采用集体生活方式的“人民公社”雇临时工。

每到夏季，刘先生和家人每周两次开卡车到附近城内卖菜。两个人不停地称菜、收钱，从上午10时一直忙到下午4时左右，可卖2000余公斤。当地的家庭主妇认准了他的“东方绿色蔬菜”，有时排队等一个多小时。与当地超市出售的蔬菜相比较，“东方绿色蔬菜”具有明显优势。超市从大菜市场批发的蔬菜，先是批发市场等农户送菜，再整理分装，然后运到超市，一般需要一到两天时间。而刘先生农场种的是特色蔬菜，有与超市直接供销合同的保证，大田里收获的产品，可以随收随送。从农田采摘到超市摆上货架只需几个小时，因此蔬菜品质特别新鲜。虽然价格高些，消费者也认可，愿意出这个高价。特色产品、运输距离近、容易接近市场和低成本造就了刘先生小农场的竞争优势。

目前刘先生开始自己经营蔬菜零售商店，自产自销，利润更为可观。

（三）农业食品产业的市场化

加拿大农业食品产业坚持以市场为主线，主要表现在：一是政府围绕市场采取有力措施进行宏观调控，增强农产品在国际市场上的竞争力。为此，政府专门制定了农产品新等级制，以推进农业生产良种化，产品优质化。二是科研、生产和加工等全方位为市场服务。科研实行从生产中来到生产中去，科研题目由生产者（农民、企业）根据市场提出，科研单位按照生产者提出的课题开展研究，然后将研究成果及时用于生产中，比如在畜牧业上，畜禽生产，畜产品加工的数量、品种、规格、标准等完全根据市场需求来确定。三是政府和农民的现代化的市场信息网络健全，并有大批专门人员从事市场信息服务工作，由于健全的市场体系，加之政府的宏观调控，全加拿大整个零售物价指数一直非常平稳。

加拿大农业强调可持续发展，主要是通过采用生物技术和对环境无污染的农业实践来实现的。加拿大农业食品部支持保健、优质食品的开发，帮助其增强国内外市场的竞争力。通过执行土壤、水和空气的保护计划，开展土壤改良，加强对环境有保护作用的农药和化肥的开发应用。

（四）加强农产品国际贸易和市场的开发

改善世界市场准入，调整国际贸易规则给加拿大创造了新的经营机会，也增加了加拿大市场对外国开发的压力。为此，加拿大政府正全力帮助其食品行业抓住这些新的机遇，力争实现全行业出口额达到200亿加元，围绕着这一目标，加拿大农业食品部在50多个国家设立了贸易开发机构。尽管加拿大农业食品部在今后3年的总体预算将减少，但是用于国际贸易和市场开发的预算将增加。

二、加拿大农业市场的管理体系

加拿大是世界上农业比较发达的国家之一，农业生产的规模化、机械化和商品化程度都比较高。加拿大的农业管理政策将市场机制与政府管制有机结合。对农业生产实施有效管理，维护了农民和消费者的利益。

（一）农产品质量管理

加拿大谷物的质量管理和控制工作由加拿大谷物委员会承担。其经费主要来源于两个方面：一是对农民粮食的质量检验、数量核准的收费收入，占65%；二是政府拨款，占35%。对谷物的等级评定办法有主观和客观两种办法，客观的办法是用仪器对谷物的容重、水分和蛋白质等进行测定，主观的办法是由训练有素的检验官对谷物进行感官评定。

加拿大谷物委员会检验官共分三级，上岗前要经过考试选拔和培训，并且每年还要对检验官进行严格的考试和审查，不合格者将不能担当检验官。

（二）农产品储运体系

加拿大的谷物从农场生产出来后到运至市场的过程中，全部实现了散粮装卸和运输，有效地保证了谷物品质，避免了损失。加拿大的散粮运输体系中主要分三级，即农场、基本谷物转运站和终点谷物转运站，散粮运输工具为火车、汽车和船舶。

谷物散粮运输中除了使用散运汽车和散运船舶外，大量使用的是散运火车。从1975年开始研究集装箱散粮运输，目前谷物通过集装箱运的数量占5%。这一比重在今后将会进一步提高。

（三）农产品购销服务

加拿大每年有大量的谷物，尤其是小麦与大麦出口到世界市场。因此，其生产规模是由国际国内市场的需求决定的。加拿大小麦局（进行小麦与大麦收购和销售的专门服务机构，加拿大小麦局代表农民利益进行经营，其董事会的15名成员中，10名由农民选举产生，5名由政府任命）每年对要求进入小麦局经营的农民进行鉴定，实行许可证管理，与具备资格的农民签订合同。根据《草原谷物预付法案》，在谷物的购销方式上实行垄断经营、统购统销，在价格上实行统一价格，分期付款，二次结算。对农民的收购价格根据国际市场价格和供求情况而定，先是预测销售价格，按这一价格的75%作为收购价格一次买断农民的粮食，售出后再与农民进行二次结算。在扣除一定费用后，将收入全部返还给农民。

采取直接销售和间接销售两种方式销售小麦，其中大多数是直接销售，即加拿大小麦局独立完成销售，直接将小麦销售给顾客，这种销售约占65%；间接销售是委托出口商销售小麦，这种销售方式占35%。这些委托出口商有权从小麦局购买小麦，转售给客户或其他出口商。

（四）价格支持政策

1944年以来，加拿大实行农产品价格支持法。1955年实行新的价格支持法案《农业稳定法》。据此规定，农业稳定局拥有215亿加元的周转基金，供执行各项稳定计划之用。如果发生经营亏损，则由议会拨款给予补偿。政府用支持价格等办法，协助农场主转嫁危机。但是，支持的结果是生产过剩的矛盾不仅没有缓和，反而逐年积累，愈演愈烈。因此，自20世纪70年代以来，政府采取发放补贴鼓励削减生产计划。该计划规定，凡将上一年度播种小麦的耕地转为夏季休闲地者，可得到每公顷1418加元的奖励金；凡将休闲地进一步改为永久性饲料地者，每公顷还可以得到追加补贴9188加元，这个计划执行的结果，使得加拿大的小麦播种面积和产量基本上与市场的需求相适应。1970年开始执行这一计划，使1970年接受干预的农场的小麦播种面积和产量均比1969年减少一半。

目前，《农业稳定法》规定对9种不同的商品提供价格支持。支持价格是根据最近5年平均价格的90%，加上近期基期相比增加的现金费用来确定的。如果各省负担费用，联邦允许它们提高支持价格水平。

（五）农民收入稳定计划

加拿大政府通过联邦政府和各省政府合作的方式，制定长期的稳定方案措施《加拿大农民安全网措施方案》。该安全网共有5种措施方案，即农民净收入稳定政策、农业收入稳定计划、农作物保险、预支农民方案和补助方案，其中前两项为重点。

1. 农民净收入稳定政策。从1990年开始实施，主要做法是：鼓励农民将收入的一部分存入账户中，农民存多少，联邦和省级政府也存入相同数量的资金。农民收入好时可多存，不好时少存。政府对申请加入的农民，要经过资格审查，要求农民必须每年向政府缴纳所得税，并要求其是全职的种植业农民，不能搞其他经营。农民一般不轻易提款使用，只有遇到灾害时才提款。如果想把所有存款都提出，政府要对其收入和支出情况进行核算，方法是计算出农民最近5年的平均净收入，如果本年收入低于该值，就允许农民将存款全部提出，但两年内不允许再加入。这一措施对解决加拿大农民抵御风险发挥了较大的作用，受到了农民的欢迎。

2. 农业收入稳定计划。该方案是对农民收入下降时的救济方案。申请净收入稳定政策的农民同时也可申请加入。政府对申请的农民进行考核，符合条件的方可加入。具体的条件：一是定时向政府报税；二是全职的种植业农民；

三是遭受了洪水、旱灾或虫灾等自然灾害。能否给予救济的标准是：将农民前 3～5 年收入的平均数与当年收入比较，当年收入低于平均收入的 70%时政府可以给予救济，救济的标准是补到 70%，联邦政府承担 60%，省政府承担 40%。农民可以在遇到灾害时随时申请。

3. 农作物保险。加入农作物保险的农民，在其遭受自然灾害时，联邦政府和省政府联合出资赔付，具体工作由省政府负责。

4. 预支农民方案。预支农民方案是在预计农民种植的粮食卖不出好的价格时，政府可以先预付农民一部分借款，第一个 5 万加元无利息，超过部分收取利息。预支农民方案所需资金均由联邦政府支付。

5. 补助方案。补助方案也是联邦和省两级政府合作。对产粮主要省份的农民及一些缺少农业种植经验的年轻农民进行特殊补助，因各个省的情况不同而采取不同的补助方式。

三、加拿大农业市场的服务组织

加拿大的农业社区是一个组织程度高、服务业发达的社区。各种农业协会、农民合作组织遍布乡村，多种非营利性的服务组织为农业经济社会发展提供了支持。这些涉农服务组织代表本组织成员的利益，为成员提供信息、技术、市场等方面服务。政府在制定政策时通常要听取这些涉农服务组织的意见，大部分支持农业的项目也是通过这些组织下达给农民。这些涉农服务组织为加拿大农业经济社会持续健康发展提供了有力支撑。

（一）农民合作组织

在加拿大，农民合作组织是一种最重要的服务农业和农民的机构，它把松散的农民组织起来，表达共同的利益诉求，是政府与农民有效沟通、服务农业和农民的最主要渠道。在加拿大，几乎每一种主要农作物都有自己的协会，如小麦协会、大豆协会、油菜发展协会、豆类种植者协会、有机农产品协会等。而一些有关农业生产的重要领域也有自己的协会，如农产品加工协会、土壤保持协会、灌溉项目协会、信贷合作社等。这些组织由人们自由组合、自愿加入，民主选举董事会。董事一般都是兼职，通常没有报酬，但协会可雇佣专职人员管理协会活动。成员要定期交纳会费。协会拥有签订合同、贷款、投资的合法权利，通过探索市场、培训技术、开办网站、出版刊物等形式向成员提供服务，并实现自我管理，同时还负责与政府沟通。如果协会服务管理工作做得不好，其成员便会退出，或者改选董事会。

农业合作组织在加拿大农业和食品工业发展、提高农民收入和生活水平、农业资源管理和有效利用、环境和生态保护等方面都发挥了重要作用。农民合作组织的另外一个重要作用，就是最大限度地促使政府出台的政策客观公正，降低行政成本。政府在作某项决策时，会邀请有关协会组织的代表座谈。有的合作组织还会专门聘请游说者奔走于政府各职能部门，把自己的意见和处境告诉政府。这样，政府在决策时就会尽可能兼顾各方利益，减少决策失误。

（二）行业市场营销组织

加拿大对鸡蛋、奶类、家禽这三种产品实行产量配额管理、行业许可经营制度。如果想进入这三类产品的生产领域，必须要获得本省行业市场营销组织的许可。联邦、省级政府不同程度地介入上述三种商品的市场营销活动。以奶制品为例，加拿大联邦奶制品委员会（FCDC）、各省市场营销委员会及政府有关部门共同制定牛奶价格支持政策和产量配额，联邦政府负责管理跨省贸易及国际贸易，各省政府负责管理牛奶的产量和其省内的销售。牛奶生产者获得许可证方能生产，而后才能通过各省市场营销委员会向加拿大奶制品加工企业进行销售。

鸡蛋和家禽的供给管理体制与此相似，市场营销组织按照市场需求确定养殖规模和新成员许可准入条件，以产量配额管理和行业许可制度保证市场供求平衡，防止过度竞争，确保生产者有一定的利润空间。

加拿大农产品营销协会

加拿大的各类农产品包括牛奶、牛肉、鸡肉、火鸡、鸡蛋等的销售都是通过营销协会来实现的。营销协会是农产品生产、销售和价格管理的专门机构，它产生于20世纪40年代。当时加拿大农业环境出现了新的变化：由于农业生产规模的不断扩大，农产品贸易的竞争程度越来越激烈。农产品加工商规模大，财力雄厚，单个的农户和加工商在市场交易中处于不平等的地位，往往受到多重盘剥，农民的利益受到很大损害。为了维护自身利益，农民迫切希望生产者联合起来，形成自己的组织，由组织代表农民从事市场交易活动，这样，农产品营销协会应运而生。

（一）加拿大农产品营销协会的性质和特征

加拿大各省政府通过立法对农产品营销协会的性质作了明确规定：农产品营销协会是农民自己的组织，是代表和维护农民利益、替农民说话办事的非官方机构，宗旨是为农民服务。

加拿大农产品营销协会具有以下特征：

第一，合法性。加拿大政府制定了有关农产品营销协会的法律，明确了它们的法律地位，农产品营销协会的成立有法律保障。

第二，非官方性。加拿大法律明确规定农产品营销协会是非官方机构。

第三，自愿性。农产品营销协会是同行业农户或企业自发组成的社会团体，其会员有自由入会和退会的权利。

第四，服务性。农产品营销协会的宗旨是为农民服务，在市场价格、市场需求、市场开拓、新品种开发等各方面为农民提供信息服务。

第五，中介性。农产品营销协会组织农产品营销，代表农民与政府谈判以及与其他组织合作等，起着农户与市场、政府等之间桥梁和纽带的作用。

第六，非营利性。农产品营销协会不是经济实体，不以营利为目的。其经费来源是依据政府法律从销售产品的收入中按一定的比例提取。

第七，自律性。协会代表本组织的利益，为了实现其目标，特别注重协会成员的行为和专业操作的规范，设有自己的章程和制度，以规范成员的经营行为，加强自律，维护和强化市场秩序。

（二）农产品营销协会的组织形式

加拿大农产品营销协会设董事会。董事会人数视行业生产规模而定，一般为8～10人，大的有50人，董事会每年改选一次。董事会下设：

①理事会。理事会是协会的决策机构，负责与政府合作制定相关政策，负责理事会成员的任免和协会章程的制定。

②农产品营销委员会。营销委员会负责组织农产品营销，确定农产品收购或销售价格，联合促销和开拓市场等。

③农事仲裁机构。该机构主要负责处理各种冲突，提供相关信息。

④奶制品委员会。加拿大奶制品生产受奶制品法的管制，该机构主要负责对奶制品生产质量的监督。

⑤环境与科技机构。该机构负责农产品生产环境卫生的监督和新品种的引进、开发。

⑥秘书处。主要负责加强内外部联系。营销协会下设各机构并设立主要负责人岗位，大量的工作是通过雇员办理，大的营销协会有雇员100多人。

要维持协会的正常运转必须有经费保障，营销协会的经费主要来源于农产品生产者的营销收入，政府通过法律授权协会收取一定数额的税费。比如，安大略省规定每销售一吨小麦收取1加元的管理费；每拍卖成交一头牛收费2.25加元；猪肉营销协会每屠宰一头猪收费1.79加元；鸡蛋营销协会每销售一打鸡蛋收费 0.20 加元。此外，加拿大农产品营销协会的经费来源还有部分是通过收取许可证费筹集的。税费由加工厂、拍卖行或连锁店代收，存入指定银行，协会定期与银行结算。

（三）加拿大农产品营销协会的职能

加拿大农产品营销协会是农民自己的组织，是代表农民利益的非官方机构，其职能主要体现在服务上，具体有五大方面：

1. 制定相关的政策

第一，协会与政府协商制定牛奶、鸡蛋等与人民生活关系密切的农产品的生产配额政策，与政府协商制定各农产品的销售政策。

第二，确定农产品收购或销售价格政策。一方面，制定某产品配额内和配额外的价格，如牛奶配额内收购价每升 0.55 加元，配额外收购价每升 0.20 加元；另一方面，农产品的价格是协会通过与加工商商定定价计算公式、参照双方认可的市场价格来确定国内某农产品的市场价格。

2. 组织农产品营销

比如，小麦营销协会采取两种方式来组织小麦的销售，一是小麦收获前的一年半，营销协会与农民签订购销合同，合同规定收购价格和付款方式等。二是小麦营销协会不与农民签订合同，农民把余粮放在粮库，协会统一销售并分期付款给农民，直到小麦卖完并结清款项。

3. 全面开展对外合作

主要做法是：第一，与兄弟省市和美国的经营单位合作。合作内容主要是共同开发国内市场和美国市场。第二，与新闻媒体合作开展农产品宣传，共同建立农产品信息资源库，共同确定农产品宣传的内容、形式和宣传政策等。第三，与联邦政府合作开发国际市场。第四，与大学、科研机构合作开发农产品新品种。

4. 履行监督检查职责

主要表现在：第一，负责对食品质量的检测。经过协会销售的农产品必须是质量合格、符合食品质量安全标准，协会对此进行了严格的检测，不合格的食品坚决不让进入市场。第二，负责对饲养环境卫生的监测。农产品特别是畜产品及其加工产品，光是检测产品是不够的，要确保产品质量，必须要让整个生产环节都符合食品质量安全标准。因此，协会对畜产品的饲养环境卫生也非常重视，实施着严格的监测。第三，监督银行落实贷款计划。农民贷款计划的落实直接影响到农业生产经营，协会对此也非常关心，全面、认真、负责地监督银行落实贷款计划。

5. 全面开展信息咨询

主要体现在：第一，利用网络向农民提供价格信息和咨询。协会均已建立了自己的信息网站，并充分利用网络定期地向农民提供最新的农产品价格信息和相关的价格咨询。第二，编辑出版农产品供求信息杂志。第三，解答农民疑难问题。协会专门聘请工作人员收集农民意见，聘请专家解答农民的各类疑难问题。

（三）负责开拓国际市场的小麦局

根据《加拿大谷物法》和《加拿大小麦局法》，西部草原省及不列颠哥伦比亚省生产的小麦和大麦均由加拿大小麦局统一收购、销售和出口，其他省则通过行会组织等机构自行销售。小麦局共有450名雇员，代表85000个农民的利益。其董事会共有15人，其中5人是来自于政府，另外10人由农民直接选举产生。小麦局每年对要求进入其经营渠道的农民进行鉴定，与具备资格的农民签订合同，实行垄断经营、统购统销、分期付款、二次结算。农民在交付谷物的同时会获得首期付款，该款项由政府担保，相当于小麦局预估的市场平均价格的75%，待粮食卖出之后，再按所有售出粮食的实际价格与农民二次结算，以保证农民享有合理、稳定的收入。目前加拿大一些政党和组织不满小麦局的垄断经营地位，这个机构正面临改革的压力。

（四）食品加工业的"孵化器"：食品研发中心

加拿大联邦政府农业食品部直属的农业研究中心共有9个，分布在全加拿大的农业科研人员在总科研人数中居第一，占28%。从机构设置看，除联邦、省、市政府有专门科研机构从事研究外，很多大学、企业和农场也有自己的农业科研机构；从投入上看，政府每年要拨大量的科研经费，大学、企业和农场也要筹措资金投入科研。同时注重科研部门与企业、农场联姻开展科技应用。

食品中心是农业部门与大学和食品生产者协会联合成立的非营利性机构，由政府一次性投入启动资金建立。它的功能就是为食品工业发展提供服务。食品中心可以为生产者设计发展理念，提供市场、技术、资金和规则等多种培训。食品中心有一套加工设备、一批科技人员、一个专家队伍，可以为生产者提供安全生产、加工、包装一条龙服务。加拿大全国各地的食品中心，各负责一定的区域，彼此之间定期会面，互有合作。

曼尼托巴食品研发中心

在曼尼托巴，可以处处感受到以科研开发新产品扩大农民收入的努力。

目前加拿大各省政府均建立了食品研发中心。设在省府温尼伯以西 60 公里处波太基市的曼尼托巴食品研发中心，是一个采用高新技术的食品生产试验工厂。该中心 1974 年始建，近几年开始加大投入，共有各类食品加工和检测分析设备百余台，资产总值 4000 万加元左右。有科研和行政人员 60 余人。中心目标是从事食品、饮料、食品配料的研制和开发，近年来强调扶植农民进入食品加工市场，面向普通农户开放。

食品研发中心的运作程序是：农民提出食品加工可行性报告后，只要缴纳 250 加元费用，中心就会派专家小组对报告进行审核；专家小组如认为可行，便提出生产流程，在中心进行加工生产和包装；中心按食品安全法要求对产品进行检测分析后，给产品贴上营养成分标签。这样，一个农民（或者一个合作社）就可以把想象变为可以到市场出售的产品了。农户进入食品加工利益链后，收入明显增加。

近几年，曼尼托巴食品研发中心利用这种方式开发了 30 余种新产品，从短纤维面包到蜂蜜奶油，从线麻油到蓝浆果糖浆；从植物蛋白肉到甜酒蛋糕；从熏鱼到牛肉冻……产品十分引人入胜。中心生产的新产品有30%出自农民或农民合作社的研制和开发。2005年，一个农民合作社用自己生产的蔬菜在该中心成功地研发了“皮克牌”蔬菜汤。

通过新技术的研究和开发，增加了加拿大农产品的市场竞争力，也提高了产品的附加值。加拿大农业食品部对保健食品的研究、生产及技术有效利用、技术转让提供特别资助。对于有推广价值的研究项目，政府和企业给予共同资助。这些措施将刺激加拿大经济的发展，创造新的就业机会，同时将增加加拿大农产品在国际市场上的竞争力。

另外，加拿大大学的体制在农业市场发展中功不可没。加拿大大学具有双重身份。加拿大各省独立办教育，大学不仅具有传统的科研、教育的身份，作为一个社区单位，它还充分发挥服务社区、支持社区发展的作用。以萨斯喀彻温大学为例，作为萨省的农业大学，它积极参与农业技术推广、培训农民、支持乡村社区发展等活动。如资助布鲁努小镇举办樱桃节，积极参加田间农技示范推广活动等。

加拿大各种涉农组织发育成熟，它们有一整套制度来保证其运行良好。这套制度的文化核心就是民主自治。每个组织或机构都由成员民主选举董事会，当选的董事必须对全体组织成员负责，一般不拿报酬。每个组织都实行自我管理，不依赖政府。这种自治文化深入人心，使各种涉农组织井然有序地活跃在农业经济、社会、生活各个领域，整个社会的管理成本大大降低，也为社会经济协调平稳运行创造了条件。

第四章　法国农业市场的政策环境与经营模式

法国位于欧洲大陆的西部，面积 55 万平方公里，人口 6000 多万。目前，法国拥有可耕土地 2800 万公顷、占领土面积的 55％左右。农业面积占欧盟农业总面积的 23％左右。法国是欧洲第一农业大国。同时，也是仅次于美国的世界第二大农业产品出口国，是世界主要农副产品出口国。2003 年，农产品总值为 650 亿欧元，占欧盟的 23％，农业以市场价格计算的农产品附加值占农产品总值的 50％左右，即 320 亿欧元。法国已实现了农业机械化，这是法国提高农业生产率的主要手段。法国农业产值占国内生产总值的比重虽越来越小，但是农业在整个国民经济中仍然处于非常重要的地位。

一、法国农业的总体情况

法国农业在世界农业中具有举足轻重的地位。法国甜菜产量居世界第一位，葡萄酒产量居世界第二位，牛奶产量居世界第三位，肉类产量居世界第四位，小麦、玉米产量居世界第五位，蔬菜、水果和马铃薯产量也位居西欧前列。

法国的农业经历了一个从弱到强的发展过程。从 1945～1960 年，法国粮食短缺，实行配给制。为解决温饱问题，

20世纪60年代，法国大力推进技术进步并调整产业结构，粮食产量大幅度提高，20世纪60年代末，质量成为法国农业政策调整的主要指标。从90年代起，法国农业走上了可持续发展之路。20世纪初，法国一个农民仅能养活2.5个人，80年代能养活30个人，90年代起即可养活40个人。法国共有68万个农业生产单位（农场等），每个生产单位平均雇佣两名专职人员，耕地约40公顷土地。1950年以来，主要农作物产量增加了3倍，如小麦，1950年每公顷平均产出为2270公斤，1994年为6670公斤，1998年为7740公斤，单产的增长显示了技术进步，也使食品出口成为法国的一张王牌。据法国农业部统计的数字，1998年农业和食品出口总额为2370亿法郎（美国约为3100亿法郎），2003年法国农业和食品进出口贸易的盈余达到2.6亿欧元。

1999年，法国议会通过了政府提出的农业指导法，确定法国进入多功能农业时代。6000多万人口中农业人口只占人口总量的1%，从事农业生产的劳动力只占劳动力总量的2%。2000年，农业提供的就业量不到100万完全就业人口，这涉及115万个家庭就业人口，16.4万个常年雇员和大量的季节性雇员。总计起来，农业就业人口占法国就业人口总量的4.1%，接近欧盟平均水平的4.2%，其中3%为农业食品行业的就业人员。2003年，法国农业占国民生产总值的3.4%，农产品总值为650亿欧元。法国主要生产小麦、甜菜、油菜及乳制品，其农作物产量占整个欧洲市场的20%以上，不仅能满足全国的需要，还能大量出口。如果不是受到欧盟农产品的配额限制和市场供过于求的影响，其生产能力远大于目前的生产水平。

二、法国农业市场的政策环境及效益

法国农业市场的发展与政府对农业的政策有着直接作用，从1947～1953年的第一个经济发展计划开始，国家就确定了农业政策的目标：发展农业生产，满足国内需求，增加农产品出口，降低农业生产成本和产品销售价格，提高人民生活水平。另外，欧洲经济共同体的“共同农业政策”对法国农业发展也有重要的作用。法国是欧共体的创始成员国，共同农业政策集中体现了国家对农业的支持和保护，法国则是最大的受益者之一。

现代市场经济要求对农业保护政策进行创新，创新的支持政策有利于法国国内农业的全方位发展。现代市场经济要求经济运作的开放性与国际贸易的自由化，这种要求反映在农业领域，就是农业发展的市场化与农产品国际贸易的公平性与开放性。伴随着现代市场经济的确立，特别是关贸总协定向世界贸易组织的历史性转换，传统封闭式的被动的农业保护政策体系显然无法满足现代农业发展的客观要求，其内在矛盾与制度缺陷在世界贸易组织的不断冲击下暴露无遗。有鉴于此，开放式的积极主动的农业支持政策的确立便是大势所趋，因为这种农业支持政策体系与现代市场经济有着天然的亲和力，一方面农业支持政策本身就是现代市场经济有效运行的重要组成部分，另一方面现代市场经济运行又为农业支持政策的有效实施提供了最基本的制度保障。

农产品供求格局失衡与农业发展动力不足，是法国农业支持取代其他农业保护政策的基本动因。传统农业保护政策体系的两大支柱就是价格支持与市场保护，为了提高农业产量与劳动者收入，政府每年投入巨额资金刺激农业生产发展，其后果不可避免地引致农产品供求严重失衡，即由原来农产品市场供不应求演变为农产品市场供过于求。比如，由于农业保护率达到64%，致使法国大多数农产品在20世纪80年代后期已经严重过剩，小麦过剩率为30%，黄油为34%，奶制品为28%，蔗糖为45%，牛肉为15%，远远超过了本国国民的实际消费量。尽管向国外大量出口农产品，但近年来国内农产品供应的过剩率也在15%左右。农产品供求关系的失衡显然不利于国内市场的稳定，而且在经济一体化的条件下很可能诱发国际农产品市场的波动。因此，为了尽快改变农产品供求失衡状况，及时提高农业劳动生产率，增强农业生产发展的有效动力，传统农业保护政策体系的变迁也就不可避免了。

法国的农业政策主要包括以下几方面：

（一）实行以补贴为中心的政策，增加农业投入

法国能成为世界上主要的农产品出口国，政府的农业政策起了决定性的作用。

1. 政府通过国家预算对农业进行财政支援。1962～1986年期间，政府的农业预算拨款增加了14倍多，由76亿法郎增加到1140亿法郎，在国家民用预算总支出中，农业支出占13%。

2. 政府通过农业金融制度促进农业发展。长期以来，政府向新的农业经营单位和年轻农民提供贴息贷款，实行优惠的税收政策，并建立了农民社会保障体制，鼓励农民安心务农。优惠贷款主要用于防治各种自然灾害、进行农场结构调整、实现农场现代化、进行土地整治等。这样，

既保障了农民的利益，又能有效引导农民按照政府的意图行事。

法国农业贴息贷款

农业与国民经济其他部门一样需要大量的投资。为此，法国国家权力机构为农业制定了特别的优惠贷款政策。贴息贷款由国家承担资金成本与使用成本之间的差价，是国家对农业进行调控的一种经济手段。

1. 发放贴息贷款的金融机构

法国发放贴息贷款的金融机构的发放资格是通过竞争来实现的。目前主要是由巴黎国民银行、农业信贷银行、里昂信贷银行、互相信贷银行等负责发放贴息贷款。

2. 贴息贷款项目

第一，青年农民贴息贷款。发放给安家后的青年农民，以满足他们进行农业生产活动的资金需要。

第二，农业现代化特别贷款。申请农业现代化特别贷款者必须纳入“PAM 生产资料现代化计划”，这种贴息贷款旨在鼓励生产资料的现代化和多功能农业发展。

第三，养殖业特别贷款。这种贴息贷款是为了满足农民发展养殖业所进行的必要投资而设立的。这种贷款不支持购买土地的费用。

第四，特别作物栽培贷款。这种贴息贷款主要是为了促进葡萄栽培、果树栽培、蔬菜种植以及园艺等生产活动。

第五，公用农业生产资料特别贷款。这种贴息贷款主要针对各种农业合作组织，贷款目的是满足这些合作组织购买、更新共同使用的农业生产资料所需的资金。

第六，农业灾害特别贷款。这种贴息贷款主要提供给各种自然灾害的受害者，以减少他们由于灾害所造成收成的损失或者投资的损失。贷款目的是使他们以尽量小的资本代价尽快恢复生产。

第七，保证金贷款。这种贷款设立的目的主要就是为了减少由于农业生产危机对农民造成的不利影响。这种贷款的年利率很低。

3. 贴息贷款对不发达地区的优惠条件

第一，贷款人的约束条件更为宽松。在发达地区的农业经营者，第一职业是农业才有资格申请国家贴息贷款。而在不发达地区的申请者，农业生产可以是第一职业也可以是第二职业。

第二，不发达地区的农民可以比其他地区享受国家更多的贴息优惠。如在不发达地区的贴息贷款根据贷款的性质和项目不同，贷款利率分别为2％或3％，而对于其他地区则是3.5％或4％。

第三，不发达地区的农业经营者享受国家更长的贴息时间。如在一般地区，国家贴息贷款年限一般为9年，而在不发达地区，农业经营者可以享受的贴息年限一般为12年，有的贷款国家贴息期限可达15年。

第四，不发达地区的贴息贷款数额更高。

第五，还款年限可以比国家贴息年限延长3～5年。比如，一笔贴息贷款还款期是12年，国家贴息9年，最后3年按资本市场利息计算。这样一方面鼓励农民及早还款，另一方面也照顾到农民的利益和实际需要。

3. 政府通过农业补贴政策支持农业生产、农村发展和林业持续发展。

从20世纪60年代后期开始，农业补贴政策成为法国农业政策的中心。法国对农业的补贴政策经过了按产品价格补贴、按生产规模直接补贴和按环境、农村发展、农产品质量及动物生存条件直接补贴的演变过程。目前，法国的农业补贴可分为公共财政补贴、税收和社会分摊金减免、农业贴息贷款三类。法国还是欧盟农业补贴的最大受益国，农业收入1/3以上来自欧盟的补贴。2003年，法国农业的公共财政支持总额为288.3亿欧元，其中来自欧盟的补贴102.9亿元，约占36%。

法国农业补贴项目繁多，除了农产品直接价格补贴以外，其他补贴项目也很多。主要有：

第一，法国在欧盟共同农业政策框架下的植物和动物养殖生产补贴。（1）植物生产补贴：包括按农作物种植面积补贴，按农田休耕面积补贴（强制性休耕和自愿休耕）。（2）动物生产补贴：包括种牛养殖补贴、奶牛养殖补贴、以保护环境为前提的粗放养殖补贴、屠宰补贴、屠宰附加补贴和养羊补贴。这种补贴是为了减少由于市场价格变化给农民带来的损失而设立的。另外在这一补贴之中针对不发达地区专门设立了“农村特别补贴”作为补充，以专门保护不发达地区经济比较脆弱的农民的利益。（3）贫困农民补贴。目的是帮助农民恢复生产活动或者终止农业生产活动而转向其他领域就业。

第二，法国农村发展补贴。（1）农业生产投资补贴：包括生产资料优化计划补贴；国家农构发展计划补贴，这种补贴是为了改善农民收入、改善农民劳动条件和生活条件，有助于生产活动多样化和降低生产成本，这种补贴在一般地区不应超过投资总额的 40%，在不发达地区可以达到 50%；国土开发合同补贴。（2）青年农民安家补贴：包括青年农民安家基金，农民提前退休补贴，农民转移经营权补贴。（3）自然条件恶劣地区补贴。

第三，养殖业补贴。（1）牛、山羊养殖补贴。包括奶牛舍、羊舍建设、更新补贴；肉牛牛舍建设、更新补贴；山区牛奶质量提高补贴；停止奶生产的补贴。（2）养羊补贴。（3）养猪补贴。（4）禽类养殖补贴。（5）水果、蔬菜与园艺补贴。

第四，林业与木材业补贴。包括木材开发企业投资补贴，林业生产企业发展补贴，林业生产投资补贴，造林补贴，通过自然更新转向阔叶林补贴，现有林业改造补贴，林业设备更新补贴，病虫害防治补贴，特别用途林补贴等。

法国政府十分重视山区等不发达地区农村发展，成立了山区发展委员会和海外省农业经济发展促进署，采取多种措施给予扶持。在农业补贴政策中专门制定了对不发达地区的优惠条件。对不发达地区的优惠条件包括：第一，补贴前提条件更为宽松。第二，补贴金额更高。如青年农民安家补贴根据地区不同数额也不同，山区为 171700 法郎，一般不发达地区为 106800 法郎，其他地区为 82700 法郎。第三，补贴比例更高。如农业生产投资补贴总额一般不应超过投资总额的 40%，在不发达地区这一比率可以达到 50%，对于青年农民可以在 45%～55%之间。第四，补贴范围更广。考虑到山区自然条件差，农作物产量仅为平原的68%，提高了对山区农业补贴比例。据统计，山区农场年经营收入的73%来自农业补贴，平原农场则为50%。不发达地区享受一般地区的各种农业补贴，在此基础上，一些特殊补贴使不发达地区可以享受的补贴更加广泛。

从2005年开始，法国根据欧盟的政策，用于促进农村发展的资金将大幅度增加，范围也将扩大，促进农村发展主要有四个方面的内容：一是鼓励农民生产高质量的能够更好地满足消费者需求的产品。最高补贴额为每个农场每年3000欧元，最多补5年。二是支持农民按照欧盟标准进行生产。每年每个农场最高补贴额不超过1万欧元，时间最长不超过5年。三是对实行高标准动物福利的农民实行补贴。如果农民采取的畜牧饲养方式比一般饲养方式标准高，并且至少连续5年实行同样的措施，则可视情况给予补贴。补贴金额依据采取这种高标准所增加的成本或者减少的收益情况确定，每年每个牲畜单位最多可补贴500欧元。四是增加对青年人从事农业所进行的投资补贴，目的是鼓励青年人进入农业行业和从事农业生产。

（二）农业补贴政策对农业市场的效益

1. 扭转了国内市场存在的价格扭曲。法国政府认为，当扭曲存在而又不能避免时，可以以人为的干预弥补市场扭曲产生的不良影响。在国内市场存在扭曲时，采取财政补贴与价格支持政策是利大于弊的。资料表明，法国自20世纪60年代开始实行科学合理的农业财政补贴政策以来，法国农产品市场日趋稳定，农民收入大幅增加，政府通过价格补贴、国内支持等政策将国内市场存在的价格扭曲现象成功地“出口”转移至世界市场，从而使本国由于价格扭曲而产生的福利损失减至最低。

2. 改善了不利的贸易条件。法国政府长期以来对本国农产品的出口提供大量补贴，而对进口农产品加以严格限制，从而改善进口国家贸易条件。而其农业保护政策改善贸易条件的效果尤为显著。

3. 维持了国内高水平工资，增加了国内就业。法国农民的工资一直处于很高水平，使其农产品在面临国际竞争时处于比较劣势。法国对本国农产品实行价格支持，可刺激国内的生产，将劳动力吸引至农业及其相关产业上来，增加国内就业机会。

4. 改善了国际收支。与保护性政策可以改善贸易条件一样，对于农产品贸易比重较大的法国，加大出口农产品的价格补贴，可增加出口，有助于增加国际收支。农业具有很高的正外部性，但农业无法获得相应的补偿，而农业财政补贴政策却恰恰弥补了这一缺陷。法国的农业环境正是在全方位保护的条件下有了长足的进步，并使其自身的外部效应得到最大限度的发挥。

（三）进口农产品限制政策的作用

在国内需求不断增长的条件下，配额比关税更能起到保护国内产业的作用。而作为配额的一种形式，关税配额要优于绝对配额。法国目前在主要农产品中实施关税配额保护，既符合世界贸易组织“农业协定”有关市场的准入要求，又能在尽量减少福利损失的基础上对国内农业生产进行必要的保护。

从目前的统计数据中可以看出，虽然法国近年来的名义关税率不断降低（为了适应世贸组织有关关税减让的要求），但由于“关税高峰”的存在，事实上关税配额制度真正起到了提高国内农产品实际保护率的积极作用。这在一定程度上是法国针对将非关税壁垒转化为关税规定的一种体制创新，无疑在保护国内农业与兼顾相关约束的利益协调上找到了一个较为满意的平衡点。

技术性贸易壁垒的作用。技术性贸易壁垒尤其是绿色贸易壁垒对法国的农业产业有极大的保护作用。它不仅在条文本身上限制了外国农产品的进口，而且在实施过程中也为外国农产品的销售设置了重重障碍。法国运用技术性贸易壁垒的水平已越来越高，技术性贸易壁垒的技术含量不断提高，对进口产品的标准规定越来越细，越来越严格和苛刻。例如，在绿色卫生检疫制度方面，对食品的安全卫生指标十分敏感，尤其对农药残留、放射性残留、重金属含量的要求日趋严格。随着科学技术的不断发展，贸易中涉及的各种技术问题将更加复杂，同时消费者对商品的质量、卫生和安全指标要求也越来越高，而高技术含量的测试与检验检疫的不断发展，也给法国利用技术性贸易壁垒进行国际贸易限制甚至贸易歧视提供了更加精确的数据。

如果说以上的一些保护政策大都旨在保障法国农民的收益，那么，农业支持性保护政策则意在促进法国整体农业发展水平的进步。综观法国乃至欧盟的农业保护政策，不难发现，隶属于“绿箱”政策的农业支持政策正日益成为其农业保护体系的核心部分。

“绿箱”农业支持政策对农产品的保护可谓是一举多得：首先，它符合世贸组织的相关要求，也属于欧盟共同农业政策所鼓励和提倡的范围；其次，从法国实施的结果来看，它的确起到了其他保护政策手段所无法比拟的功效，使发展中国家具有价格优势的农产品由于相关环保要求的限制而被拒之门外，这也正是法国农业贸易额一直保持大规模顺差的原因所在，同时在换回大量外汇收入的基础上，有效保障了本国农产品市场与国内价格体系的稳定；最后，“绿箱”农业支持政策不易被贸易伙伴起诉，无法采取诸如反补贴税之类的报复性政策，有利于法国这类拥有技术优势的农业发达国家单方面受益。

三、农业经营的农工商一体化模式

农业食品加工业是法国获取外贸顺差的支柱产业之一，其出口额仅次于美国，居世界第二，占世界市场的11%。农产品经营的这些成果取决于法国农业经营的农工商一体化模式。

（一）法国农产品生产的专业化

法国农产品生产的专业化可以分为地区专业化、农场专业化和工艺专业化三个方面。

1. 地区专业化。地区专业化是在传统的基础上，随着技术革命和生产结构变化而形成的。例如，地中海地区的葡萄种植业，已有相当悠久的历史。巴黎地区是法国最主要的农业区，那里的小麦产量约占全国产量的1/3，单产约比全国平均产值高出一倍，成为全国主要的产麦区。20世纪50年代，由美国引进的玉米也迅速在巴黎地区推广，使这个地区又成了农牧结合的经济区。

近些年，由于混合饲料工业的发展，动物开始转入室内饲养。因此，位于大消费中心巴黎地区的室内饲养业迅速发展，不仅节约了牧场，而且也减少了过去由边远的西北区和山区牧场饲养的运输费用。罗纳阿尔卑斯地区是大宗水果产区，该地区几乎到处都是水果树。在奶制品方面，布列塔尼、诺曼底地区的产量占全国22个地区总产量的43.3%，在猪肉制品中，巴黎地区、布列塔尼和阿尔卑斯三个地区的销售额占全国销售总额的53.1%。蔬菜罐头方面，皮卡尔迪、布列塔尼和北部三个地区的产量占全国产量的80.5%。阿尔萨斯和北部两个地区的啤酒产量，占全国的58%。法国北部地区三个省最适合种甜菜，甜菜的生产就集中在那里，并以每17公里作为半径办一个糖厂。附近农民收获的甜菜就可以用联合收割机直接运送到糖厂加工。原来法国是糖的进口国，现在变成了糖的出口国，每年出口食糖达二百多万吨。

农业地区专业化是根据最有利的自然条件、传统的种植经验和地区的经济特点形成的。因此容易做到单产高、劳动效率高、费用省。同时由于生产专业化，科学研究、农业教育以及领导部门的中心任务等，都可以围绕该地区的主要农业生产项目开展工作，这就必然会更有利于推动本地区农业生产的持续发展。

2. 农场专业化。现代化农业要求生产专业化，而生产专业化又能促进使用现代化技术设备，大幅度提高劳动生产率，降低生产费用，增强市场竞争能力，因此法国经营一种或两三种产品的农场已逐渐增多。而且，随着农业生产的日益社会化，社会分工越来越细，现在高度商业性农场不仅只生产一个大类产品，而且越来越多的农场专门集中生产一种产品的一个品种。例如，黄瓜种植业中，有的农场专门生产供鲜食的黄瓜，有的专门生产供腌渍的黄瓜。

又如在饲养肉用牛的农场里，农场主自己饮用的牛奶也宁可向市场购买，而不愿自己养几头乳牛。农场专业化可以使农场的经营格外有利。

3. 工艺专业化。随着社会分工和商品生产的高度发展，许多原来属于农业本身的作业项目，已日益改由农场以外的企业来做了。例如，种植业的农民就只管田间种植，至于育种、选种等有关种子处理的工作就都改由专业化的种子公司负责，在播种时由他们把良种直接运送到农场，按预定的规格播到田里，直到出苗为止。化肥、农药等生产资料的供应和使用，也都由有关的专业公司承担。收获时则由粮食贮运公司把谷物直接从田间运走，并进行干燥、加工、储藏直至销售。畜牧业也同样如此，例如，养鸡场只管鸡的喂养，至于鸡的孵化、种鸡的培育，直至屠宰、运输和饲料供应，鸡舍设备安装等，都由专业公司负责。

农业地区专业化的形成，充分说明了自然因素对于农业生产的重要性。当然，农业地区专业化的发展，也离不开交通运输事业以及大城市工业区的形成和发展。另外，农场专业化和工艺专业化的发展，与科学技术的发展更是紧密相结合的。因为日新月异的科学技术在农业生产上的应用，客观上就要求集中经营力量，扩大经营规模，以提高技术设备的利用率并取得更大的经济效果。此外，现代科学技术还要求熟练操作人员与管理人才，一个农场主不可能同时掌握多种经营的专门技术和管理知识。因此，只有在生产上实现专业化，农场主才能采用先进的科学技术。由此可见，农业经营的专业化无论从自然条件还是从经济条件和技术发展的要求来看，都是十分必要的。

（二）农工商一体化

农业专业化与农工商一体化是法国农业现代化生产组织结构的基本内容。所谓一体化，就是在专业化的基础上进行相互间的协调与配合。具体地说，就是在农业生产过程中做到产、供、销三方面业务的有机配合。“产”指的是农业生产本身。“供”就是指各项生产资料如种子、子畜、饲料、农药、机器、设备等的供应，还包括技术和经营管理方面的指导。“销”指的是农产品的运输、加工、储藏和销售等。这三方面结合起来统一经营，不仅可以做到相互协调，提高工作效率，而且还有利于相互促进，增加企业盈利。因此，现代化的法国农业，逐渐发展到与工业和商业结合在一起，成为“农工商综合体”中的一个组成部分。

在“农工商综合体”中，许多家庭农场通过合同关系，向规模较大的工商企业出售农畜产品，并由这些企业向农场提供农业生产资料和各种服务。在这种情况下，农场生产农畜产品的数量、质量、价格等都处于工商企业的控制之下。另一方面，通过合同关系，工商企业不仅保证了一体化农场的产品销路和收入，而且还及时向他们提供先进的生产工具和必需的生产资料，帮助他们提高生产技术和经营管理水平，从而使一体化的农场获得更高的生产效率，而农业的发展，又反过来促进一体化组织中工商企业的发展。

从法国农工商一体化的组织形式和类型来看，大致可以分为以下四种：

1. 农业公司

它是由国有或私有的工业、商业和金融资本直接开办的，是近年来新出现的工厂或大型专业化的农业生产单位，如养鸡工厂、养猪工厂等。这种农业公司从事大规模的农业生产，将农业生产同农产品加工、销售、储运及机器设备等生产资料的供应结合在一起，形成一个产供销相当完整的体系。例如，控股公司，它是由工业、商业、金融和农业企业互相控制股份的投资形式组成的联合企业。这种形式在法国比在其他国家更为流行。如法国国有矿化公司所组织的综合体，共有工矿企业、商业运输公司、银行等五十多家企业及四百多个农业合作社。它的经营范围从农产品生产、加工、采购、储运、销售、出口，直到矿山、化肥、农药、机器制造及科研服务机构等。

2. 以合同形式组成的综合体

这是目前发达国家农工商业一体化最普遍的形式。垄断财团通过签订合同的形式把千百个农场变成自己的生产车间，加以操纵和监督，而自己可以不必冒农业生产和农产品经营的风险。国家为了加强综合体内部的计划性，保证原料的来源和产品的销售，千方百计地通过合同把各个农场联结起来，这在食品业中尤为盛行。

3. 合作社

早在 19 世纪中叶，法国就出现了供销合作社和信用合作社。这在一定意义上保护了生产者的利益，排除了中间商人和高利贷者的剥削。但现在的合作社已是现代化农业的一种联合经营组织形式了。法国十几年来以合作社的形式把中小农场主的生产活动纳入“农工商综合体”的方式，而且越来越流行。近年来，合作社的种类越来越多，分工越来越细。

第一，农业合作社。它是农业的互助合作组织，主要有两种形式：首先，农业生产者共同经营组合，一般由2～10个农户组成，成员多由父子或其亲属组成。其次，共同使用农具合作社，这类合作社主要是为了各类大型农具得到合理利用，以促进农业机械化，降低生产成本。此类合作社，农机具集资购买，共同使用，民主选举理事会负责管理。它具有以下优越性：经济合理地利用农机具，可以减少单位产品的成本，减轻债务负担和银行贷款，降低固定资本的比例；可以由专人管理农机，其他农户有较多的时间专门从事农业生产和照料牲畜，提高效益；有利于改进技术，有较强的实力更新机器设备。

第二，农业信贷合作社。它是一种互助合作性质的半官方农业信贷机构，分为3级：第一级是基层组织为农业信贷或农业信贷合作社；第二级是省（地区）农业信贷（合作）银行；第三级是全国农业信贷银行，是受农业部和经济财政部双重领导的公共机构。农业信贷银行的主要活动有：通过遍布全国的分支机构吸收存款，发行长期债券，对会员发放农业生产和购销低息长期贷款，向非农业的乡村提供住房建设，并对地方公共事业提供贷款。

第三，农产品加工合作社。努力发展农产品加工业，使农产品及时转化为商品是法国促进农业发展的一个重要政策。农产品加工业的布局多分布在原料产地的中小城镇，不受行政区划和部门的限制。在经营方面，以合作社经营为主，与原料生产相结合，既可以节省运力，又可增加收入。

第四，农业销售合作社。其特点是既经营销售所属社员的产品，又经营从批发市场购入的产品，有运输、加工、包装、储存等先进设备，足以提高竞争能力，直接向国内和欧洲经济共同体国家经销。

法国的合作社没有固定的模式，而是根据农民需要自愿组织起来的。这种合作经济之所以经久不衰，其主要原因：一是政府重视和支持。法国历届政府都注意通过合作社与农民对话，依靠合作社的力量推行其政策，协调、缓冲政府同农民的矛盾。二是由于各类合作社都是农民根据实际需要集资组织起来的，所以合作社的服务十分周到，农民对合作社也很信任。合作社领导人完全由民主选举产生。经营盈余，除向国家纳税外，由社员代表大会决定分配。三是各类合作社组织严密、稳定。四是合作社充分起着载体和桥梁的作用，合作社收购和加工大量中小农户的产品，组织生产、加工、销售，使生产和市场建立联系。另外，合作社的经营是根据市场制定生产方针，用合同形式把国家和组织的生产联系在一起，合作社在国家和农业生产者之间形成载体，发挥了桥梁作用。

4. 农业市场经营的信息化

信息化是现代农业产业化的一个重要标志和支持条件，法国经过 10 年来的培育，农业产业信息化事业已进入了一个迅速发展的阶段，在农业信息化体系及其效用方面表现出以下几个特点：

第一，建立统一协调并避免行政干预的农业信息统计系统。

在法国，农业信息统计是一个独立的系统，各地方和部门的统计机构均属中央的派出机构，由国家经济统计研究中心垂直领导。此外，设有专门的直辖市会议制度，讨论统计调查计划、方法、预算和评价数据结果，既避免重复统计，也提高了统计信息资源的客观真实性。

第二，客观反映现代农业产业化发展的统计信息内容。

在法国，农业市场经济信息尤其得到重视。法国农业统计收集的信息内容全面，主要包括国土、森林等资源的农业地理结构，农业用地和非农业用地情况，农场结构及变化，专业生产情况，产品产量、生产成本情况，国内贸易及市场价格，进出口商品情况等。最后生成统计信息产品，纳入国家统计账户。

农产品市场展销：法国农博会

2006 年 2 月 25 日，第四十三届法国国际农业博览会在巴黎开幕。

农博会展馆大门外，人山人海排成长龙。展厅内，猪马牛羊兔狗，热闹无比。无论是生活在城市的还是农村的法国人，全家老少都像过节一般，赶来观看农业博览会。

2006 届农业国际博览会有来自欧洲及世界 30 多个国家的 1153 个参展商加入，展出总面积达 15 万平方米。展会展出了 3000 多头（只）各种家畜类动物，其中主要有 1000 条狗、680 头牛、400 只羊、60 头猪、120 匹马、50 只豚鼠。由于禽流感流行，当年近千只家禽类动物无法到现场。如此数量众多的动物参展，要保证这些动物吃喝拉撒住和健康安全，要组织参加比赛评比，要保证观众特别是儿童能看到自己想看的动物，这都使农业博览会成为名副其实的“家养动物奥运会”，比人类奥运会更复杂。其涉及的行业门类极其广博。

2 月 27 日早 7 时，博览会主席克里斯蒂昂先生召集部分驻巴黎的记者，揭开了办农业博览会最神秘的面纱。克里斯蒂昂先生首先介绍，只有经过特殊批准的客人和有关畜牧业院校的学生，才能于9点之前看到在此充当展会“明星模特、运动员”的动物们如何一大早经过梳洗、打扮、化妆，然后精神抖擞地参加展览。展会上午一开门，大大小小的几千头动物就要走上舞台，展示自己的风采，参加比赛评比。而在9天展会中间，由于动物的数量、动物承受“热闹”的极限和健康卫生检疫等原因，必须来一次大换班，此时，所有动物经过或停留的场地都要经过一次严格的消毒，场地布置和草料全部换新。

在动物洗浴美容处，只见十多名工作人员正在冒着严寒，为十几只牛洗热水澡，洗浴时，他们使用绿色生态洗浴香波，边为牛冲热水边梳除杂毛，洗完后擦干，再使用吹风机吹干，有些牛要经过理毛师美容，涂上发胶定型，最后牵到展出场，主人还要不停地打理照料，还要随时带着便桶，来应动物们的不时之需。

法国农民每年准备参加农业博览会非常认真。因为参展的环境与在家时不一样，必须保证家养的“小家碧玉”能够“出得厅堂”，即使不能拿个人奖，至少也得像个“大家闺秀”，能见得场面，能应酬大人小孩的亲热抚摸或怪声尖叫，不然到时耍脾气，或者来个“打架斗殴，大闹展场”就出笑话了。为此，法国农民们多数要提前数月，就开始对动物进行细致的培训或者请专家调教。

对于参展动物来说，复杂性还表现在品种与大小上。打个比方说，就像是运动会的运动项目与重量分级，由于各种动物品种有成百上千，分级更是复杂。就说狗，至少要为250个种类的1000只狗准备吃、住、交通、检疫。不仅要考虑到狗和主人，更要考虑观众。主人在参赛后，想尽早离开赛场回家，而闻讯赶来的观众却想看狗。这就要通过高度的组织管理解决问题。

从巴黎农业博览会可以看出：(1) 只占总人口4%的法国农民，其实已经达到了与工业及其他行业从业人员的高度组织化和专业化。农业博览会的基础其实就是法国各级的农业专业协会。因此，博览会组织者能够做到一呼百应，各种问题都能得到合理的解决。现代化农业不仅是技术、质量与数量的博弈，更是组织管理能力的博弈。(2) 按组织者提供的数字：2005年法国农业博览会收入为1500万欧元，其中一半来自展台出租，25%是售票和动物表演门票，15%为广告。要成功举办一次趣味盎然、吸引观众的农业博览会，关键不在于有多少农产品出售或相关技术产品的陈列，而在各类鲜活动物的展览、评比与表演。

此外，从法国政府到大众传媒都将展览会当作一个大教室。从政府来说，与农业相关的部、局，都设立展台，并强化信息服务与教育功能。如在农业部展台前，农业部将职业培训、农业行业的岗位需求等题目作为讲座的内容，并且有各种通俗易懂的科技小册子供大家选择。在法国环境与能源控制局的展台，内容就更丰富了，有各种介绍节能、环保的方法，有节能房屋的模型，还有各种节能措施的示意图。该局的许多资料都是免费的，但更多的书和资料是收费项目。特别是涉及一些较为系统的研究材料与研究报告，都可以买到。

法国媒体对农业博览会的重视从它们的报道都可以看出来，许多传媒特别是电视台将直播间搬到现场，不仅每天播报新闻，还直播比赛、采访观众、组织趣味活动。按传媒流行的说法，他们要不断地帮城里失去“根”的人找回自己的根，而农业博览会就是这样一个好的交流场所，特别是对于少年儿童来说更是如此。

第五章　荷兰农业市场的经营特色

荷兰农业生产以优质高产著称于世。经过多年的发展，荷兰农业形成了以温室产业为重要支柱，以农产品拍卖市场为媒体，种植、销售和研发分工明确的特色。

荷兰2003年国民生产总值4540亿欧元，人均国民收入2.7万欧元，每平方公里居住着482人，是世界上人口密度最大的国家之一。农业一直是荷兰的传统产业，分畜牧业、园艺业与耕作业三大部分。2003年，荷兰农业产值为416亿欧元，占整个经济比例的10.4%；农村就业人口65万人，占全国就业人口比例的10.1%。在农业产值构成中，基础农业占19.5%，食品、饮料加工与烟草部分共占31%，贸易与后勤保障占46%，其他占3.5%。

荷兰生产的农产品有80%以上供出口，其中向欧盟国家的出口占了八成。根据欧洲统计局的数字，2003年，欧盟农产品出口总额为2250亿欧元，其中荷兰一国占了400.5亿欧元，所占比例为17.8%。而荷兰的鸡蛋与蔬菜水果出口，分别占了欧盟出口量的35.3%和20.4%。正是因为农业产业的高度国际化，为荷兰农民具备开放意识提供了必不可少的整体环境。

一、荷兰农民：国际化的市场意识

提起荷兰，人们往往首先会想到郁金香、奶酪。的确，它既是花卉、水果、蔬菜、奶制品、肉制品、啤酒以及种子等农产品的重要生产国，也是重要贸易的出口国。荷兰1630多万人口，跻身世界农产品出口国“前三甲”，在农业方面所取得的成就引得世人瞩目。荷兰人开拓世界农业市场的努力与意识值得世人关注。荷兰农业市场的开拓与经营成功的经验中，很重要的一点是荷兰人所具有的开放意识。荷兰人的开放意识并非与生俱来，而是由外部环境、政府作用、民间助推、教育机制、协作精神等多方因素“合力”的结果。

对于荷兰来说，农村发挥着重要的作用。农村地区不仅是农民们生活、工作的地方，也是水、自然与生物多样化的蕴藏地。这些年来，荷兰农村存在一进一出两个现象，年轻人不断外出，前往大城市求学就业；上了年纪的人又返回农村，在那里享受更加悠闲、更加自由的生活，颐养天年。但这并不意味着荷兰的农村“越来越失去活力”。一方面，许多在城市工作的上班族愿意住在农村。在荷兰的许多城市，每逢上下班高峰期，城边的环路时常出现堵车现象，便是因为上班族的“日常流动”。另一方面，农村本身也创造了大量的就业机会。许许多多的中小企业选择在村镇落户生根，贸易、交通、轻工业以及服务业等出于对投资运营成本等因素的考虑，也选择农村地区作为其基地。当然，农业仍是农村地区最重要的经济活动。事实上，农村的农业活动与城市网络是密不可分的。比如，基本农业的生产、供应与加工链条，都紧挨着城市，或与荷兰的主要港口或重要基础设施紧密相连。总的来说，荷兰的农村与城市之间的界线比较模糊。

繁华的花卉拍卖市场

荷兰政府首都海牙以西10多公里处的纳德维克镇，拥有荷兰的一个大型花卉拍卖市场。每天都有成吨的花卉运来这里，经过拍卖前往世界各地。花卉拍卖市场是荷兰农业国际化的一个典型代表。

拍卖市场大楼侧面是清一色的“门洞”，上面按阿拉伯数字整齐排列。那是货物的出入口，直接供卡车装卸。前来这里的重型卡车，很快便能对号入座，找到自己装卸的“门洞”。司机们熟练地打着方向盘，三下两下便将车厢倒进了“门洞”。过不了多久，卡车便启程出发，效率相当高。

在营业大厅里，运送花束的电瓶车来来往往，恰似一条条五彩缤纷的花龙在游移，令人目不暇接。在拍卖大厅，传送带上不同的花卉品种在台前缓缓移过，墙上那架“拍卖大钟”的指针在迅速移动。拍卖价由高往低不断变动，只要台下戴着耳机的竞拍者觉得价位合适按下按钮，一笔买卖便算做成。随着指针的继续移动，又会有新一笔买卖做成。

一位刚刚结束竞拍的荷兰商人说，这一上午他共竞拍了价值约3万欧元的不同品种花卉，准备销往斯洛文尼亚。一般来说，竞拍者都有自己的主打销售市场。比如他旁边的同行，将拍到的花卉运往捷克，另外还有人“主攻”中东、北非等不同市场。他说，每天他都来这里上班。拍到自己满意的产品以后，他只要填几张单子，签几个字，一切都不需他自己多操心。经过拍卖行高效的服务网络，他竞拍到的花卉将会按时送到客户手中。买花卖花等账务进出又有常驻在拍卖行的银行分支机构打理。他每天最重要的事是跟踪市场行情，了解供求双方的详细信息。短短几分钟看似漫不经心的闲聊，却分明是十足的“市场国际化”经验之谈。真所谓“谈笑间灰飞烟灭”，他轻轻松松的几句闲言，背后不知经历了多少在国际市场搏杀的凶险。从这位荷兰商人身上，可以看到荷兰农业国际化的一个缩影。

除了贸易国际化，荷兰的花卉种植户同样也在走国际化之路。

花卉种植商

朱比尔是阿姆斯特丹北部一家农场的拥有者。他的农场专门种植玫瑰花，玫瑰花年产6000万枝，是荷兰最大的玫瑰花种植商之一。2001年，朱比尔在非洲的肯尼亚建起了种植玫瑰与夏季花卉的农场，同时准备未来几年在埃塞俄比亚开设类似农场。

谈起在肯尼亚的事情，朱比尔滔滔不绝。“我们买了飞机票，带上土壤取样设备，开始了我们的探险之旅。”到了地方之后，他们发现该地气候适宜，能够种植的玫瑰品种比在荷兰多得多。同时，还可扩大新的市场，促进玫瑰与夏季花卉的品种多样化，且基础设施与法律环境等都很不错。于是，他当机立断，决定在肯尼亚办农场。5年以来，朱比尔在肯尼亚的农场规模不断扩大，“它为我们将来的发展打下了坚实的基础。”为了进一步巩固市场地位，朱比尔一直强调技术与创新的国际化，不断引进最先进的机械设备，他的农场目前已采用机器人来采摘玫瑰。“这在几年前还是不可想象的事。我们公司的未来在于国际化，尤其是非洲业务的进一步拓展”。

荷兰人普遍会说外语。荷兰的中小学一直非常重视外语教学，从小学四五年级开始将英语作为必修课。除了课堂之外，荷兰的电视台、电台等为孩子们学习英语提供了非常便利的条件。很多荷兰小学生，他们并没有特地花多少时间专门学英语，但英语的听、说能力都很强。原因是他们平时多听多看的结果，积累到了一定程度便能开口，可谓水到渠成。荷兰的很多初中，也将法语列为必修课。荷兰学生在结束中小学教育之后，不少人都能说几门外语。有了良好的外语基础，再加上在基础教育中受到“经商意识”的熏陶，许多荷兰人从小开始便具备了国际化意识与经营贸易素质。从荷兰的农业构成可以看出，在农业生产、加工、销售链条中，销售环节所创造的产值更大，创造的就业机会更多。正是因为许许多多的荷兰孩子，在走出校门的时候便已积累了不少商业知识与“实战经验”，这为他们今后适应就业环境、融入荷兰的“贸易立国”体系打下了良好基础。

二、政府：农业市场的服务生

荷兰农民的国际市场意识，也与政府的“授之以渔”的政策措施分不开。对荷兰政府的农业主管部门而言，重要的是保障公共利益，进行统筹规划，让整个农业生产链“活”起来，而让各个链条中的主体“自立自主”是其中的关键。荷兰政府帮助农民开放自立的措施可以概括为以下三点内容。

第一，促使从业人员“强身健体”，提高“自立”能力。政府部门将自己的职能定位于间接引导，而非直接干预，重在为农业从业人员提供必要的环境与条件，使他们“自立”。一个例子很能说明问题。这几年油价高涨，天然气价格跟着狂升。由于荷兰本国生产天然气，政府在天然气价格提升时“腰包渐鼓”。但燃料价格的上升，对众多温室种植户来说却不堪重负。他们中有不少人认为，政府此时不应“趁火打劫”，而应“获利回吐”，可以减税的方式为温室农户减轻负担。但荷兰的主管部门并未打算满足农民们的减税要求，其理由是，一旦同意减税，便会成为一种长远优惠措施，久而久之会使农民对政府形成依赖心理，失去创新动力。再说，这种农业补贴也不利于公平贸易。政府现在准备采取鼓励温室农户节能的方式进行回馈，凡在利用太阳能方面取得进展的，便可享受相关回报。温室作为“能耗大户”使用寿命较长，一般至少在10～15年以上。节能方面投入得多，今后的运营费用就少，这样的温室更加“健康”，更易生存。

第二，当好农民的“服务生”。农业自然与食品质量部作为中央部门，通过国际交流掌握世界农业发展的最新情况。该部门的职能有：通过与布鲁塞尔的沟通，了解欧盟立法进展最新情况；加强与议会各党派的来往，吸取与综合他们的建议与意见；与院校以及各种研究机构建立密切联系，紧跟科研成果新形势。农业自然与食品质量部负责人说：“我们这儿就像是个储备库，农民们需要什么就取什么”。“农民们的创意源源不断，政府就是要为他们提供一切便利，使创意变成现实，真正当好他们的‘服务生’。”

第三，提供知识培训，强调“授之以渔”。农业自然与食品质量部时常举办电脑知识培训班，帮助农民提高电脑使用水平。有了信息技术支撑，政府与相关从业人员之间的联系直接通过电脑完成。如政府部门通过网络发布相关消息及开展网上授课，为农业从业人员提供“实时培训”。他们的意见建议也可通过网络反馈给政府。双方之间实现“无纸化”沟通，省时省钱又省力。

荷兰的政府部门重在营造整体环境，抓住政策引导、服务培训等大方向，放手让农民们“在风浪中游泳”。农民们选什么、种什么都完全由自己决定。也时常出现“黄瓜好卖种黄瓜，甜椒走俏种甜椒”的现象。但在一个比较健康的竞争环境下，经过“看不见的手”调节之后，最终又会回复平衡。宏观调控＋市场调节＋农民自主意识，促进了“利润、人与地球”的有效连接，实现了市场、社会与环境的协调一致。

三、农产品销售的主渠道：拍卖市场

拍卖市场是荷兰农业的一大特点及主要销售渠道，它使得农产品的生产与销售既明确分工又有机结合。目前，荷兰80%以上的水果、蔬菜等农产品和95%的花卉是通过拍卖市场进行分销的。

（一）荷兰农产品拍卖市场的概况

大多数荷兰农民和种植公司都不自行出售产品，而是成为一家拍卖市场的成员，将自己的全部产品送到拍卖市场，通过拍卖进行销售。荷兰大部分的农产品都集中到了拍卖市场。连锁超市、大批发商和出口商在拍卖市场买到农产品，再将它们销到国外市场，或分销给小批发商和各家店铺，从而形成了荷兰独特的农产品流通机制。

拍卖市场采用股份制，生产者就是股东，市场管理委员会由股东们选举产生的董事会任命。比如，荷兰最大的阿斯米尔花卉拍卖市场就是由5000多个花农或花卉公司组成的股份联合体，成员既是拍卖市场的“集体老板”，每年又要从各自的营业额中拿出一定比例的款额上缴给拍卖市场作为佣金。

拍卖市场的另一端连接着多个大批发商和多家出口公司。其中绝大多数分别在全国多个拍卖市场注册，拥有一个或多个席位。他们除每年要支付席位费用外，还要支付场地费、包装费和运输费等。每天早上，这些公司的交易员便像证券市场上的经纪人一样，赶到各家拍卖市场，看货叫价。由于拍卖的产品大部分要出口，优质包装就显得十分重要。对于鲜花等易损品，各个拍卖市场都必须按照客户的严格要求来操作，既要保鲜，又要易于运输。由此，不少拍卖市场还专门请厂家设计制造专门加工和包装机械。

荷兰良好的交通基础设施、可靠的运输部门及有效的分拨系统为此提供了保证。拍卖市场的高效率保证了货物在最短时间内到达出口商手中以备发运。拍卖市场设有自动控温的储存场地，真空预冷设备更可快速对蔬菜进行保鲜处理。拍卖市场的发货中心设有植物检疫站和海关。最佳的后期服务和优良的通信联络保证了产品在几小时内运抵大多数欧盟目的地，以最快的速度通过机场运往美国及远东地区，带有冷藏集装箱和卫星通信装置的特别运输火车每日发往法国和俄罗斯。

拍卖市场有严格的质量检验体系，并有最低限价规则。它们往往会根据生产和市场情况为所有产品制定一个最低销售价，如果拍卖产品降到这个最低价时仍无人叫买，这些产品不得减价出售，也不能运回农场，而是要就地销毁，生产者可从拍卖市场得到一定的补贴。当然，拍卖市场会随时将有关市场信息及时告知成员，以使他们能及时调整生产方向。

荷兰拍卖机制成功的关键在于拍卖不仅仅是一种销售方式，实际上它是荷兰农业体系中的一个有机组成部分。荷兰农业体系有两大特点，一是合作社，二是拍卖，两者密不可分。在荷兰，农业生产大多为家庭型，农户们通过合作社组织起来，相互分工，各司其职，减少了内部竞争，实现了专业化和集约化的生产。而有了拍卖市场，生产者不仅不用去和别人争抢市场，而且还能降低营销费用，促进产品流通，提高经济效益。

阿斯梅尔花卉拍卖市场

阿斯梅尔花卉拍卖市场位于荷兰首都阿姆斯特丹，是全世界最大的花卉拍卖市场。由于拥有现代化的计算机设备，该市场每天完成业务5万宗，销售1400万枝花和150万株装饰类植物。拥有雇员1800名，市场内配套服务的其他公司雇员约1万人。拍卖大厦长800米，宽600米，大厦内冷藏面积3万平方米，市场总面积7115万平方米，相当于120个足球场的面积。荷兰花卉植物全年出口值50亿荷兰盾，约合近30亿美元，阿斯梅尔占全国销售额的43%。拍卖市场由拍卖部和销售中转部两部分组成。产品被送到拍卖部，拍卖部内设有贮存冷库，发货前在冷库存放，从拍卖部售出后进入发货厅。切花拍卖厅可供参观，装饰作物拍卖厅不对外开放。销售中转部内是各类买主租用的包装间，先在包装间根据订货要求加工包装，而后发货。

切花类产品在夜间送入拍卖部，有些是生产者自己送货，有些由专业运输公司承办将鲜花装在手推车上，拍卖前存放在大型冷藏区。盆花和花束前一天送进市场，由拍卖市场的质量检查人员评定质量，并在生产者出具的供货单上写下质检评语，登记编号后准备工作结束。

拍卖分别在5个大厅进行。4个厅专卖花卉，分别配备有2个或3个拍卖钟，装饰类植物拍卖厅配有4个拍卖钟。1周内进行5天拍卖，清晨从6点30分开始，直到全部商品售完结束。买主中既有外销商又有内销商，既有批发商也有零售商及街头小贩。

买主在登记注册时得到一张或几张购货卡，购货卡插入工作台即与拍卖总台联通。买主可随意选用任一拍卖钟，认购过程中几个拍卖钟可转换使用。

拍卖从100单位起价，通常用“分”作单位，价钱由高向低。每个钟有一个主卖人操作，他的助手坐在身旁，接收源源不断的发货单。助手把发货单上的生产者姓名、商品质量评语等信息输入计算机，随之从拍卖钟上显示给大厅内的买主。主卖人反复报出产地、最低出产量及质检评语等，买主可从各自工作台喇叭中接收到主卖人给出的这类信息。拍卖钟由高向低旋转，当光标停在某一买主决定的价格时，他按下报价钮，谁首先报价，谁就成为当前价买主。拍卖钟上显示出他的购货卡代码。这时，买主再通过工作台麦克风告诉主卖人购买数量，如果他只认购了其中的一部分，剩余的部分继续进入拍卖。买主认购的价格及商品数量立即输入计算机，并统计入全市场的营业额。

每个拍卖钟每小时大约进行1500笔交易。手推车上的商品一经售出便离开拍卖厅，拍卖厅门口一台与计算机连接的打印机随即为每笔交易打印出发货通知单。发货厅把不同买主认购的货物分别装上手推车，推车装满后送到买主租用的包装间进行下一步的包装加工。小型买主如果没有租借包装间，可以把自己的货车开进中转厅，装好货后，计算机为他打出账单，买主持账单去结算。结算或用现金或用信用卡，为免去买主携带大量现款的不便，银行在拍卖市场内设有兑款台，买主可从自己的户头兑取所需现款，从而保证了向货主支付货款。

荷兰花卉出口全世界，阿斯梅尔花卉拍卖市场经营的花卉80%用于出口。出口商根据订户要求进行包装，之后送到远途货物发货中心。专业运输公司、海关及植病检查机构都在拍卖市场发货中心设有办公室。发往美洲和远东的花卉通常在发货中心用包装箱装好后，马上送到机场起运。这样，拍卖市场当天上午销售的花卉在当晚或第二天一早即可在欧洲、美洲及世界各大城市的花店里出售。

（二）荷兰农产品拍卖市场的运行机制

荷兰农产品拍卖销售最早在1887年从一个花椰菜菜农

开始，经过100多年的发展完善形成现在荷兰农产品的主要销售方式，被誉为是最具荷兰特色的市场机制。

1. 拍卖市场的职能

使用拍卖市场的最初目的一方面是供需直接见面产生合理的产品销售价格，另一方面是市场本身作为农产品的集散地。

拍卖市场由生产者的组织建立和经营，具有合作社性质。合作社要求社员必须把全部产品提供给拍卖市场，由拍卖市场销售，而拍卖市场有义务为所有社员销售产品。农产品的供给和需求在拍卖市场直接见面，市场供求法则有效发挥作用。销售在竞争的气氛中进行，在拍卖市场的机制下产生公平的交易价格。

现代拍卖市场的功能早已远远超出上述两点。除了拥有现代化的拍卖销售设施以外，拍卖市场的职能还包括农产品的分类、分级、质量检测、包装标准化管理、各种储存设施如冷库服务、购销信息服务、配套的资金结算服务及交通运输服务。事实上，拍卖市场还具有市场研究、销售管理、海外促销以及对荷兰政府及欧盟农业政策咨询的权利和义务。

2. 拍卖市场的组织

拍卖市场的组织呈倒金字塔形，塔底是生产者，中部是拍卖市场，塔尖是拍卖市场中心管理局。

农业生产者以社员的形式加入拍卖市场，拍卖市场全部实行自主经营独立核算，并以会员的形式加入中心管理局，参与制定决策。中心管理局具有行业协会性质，是同类拍卖市场的总代表，代表行业系统生产者的利益。

拍卖市场中心管理局制订促销计划，举办贸易会展，开拓新市场，扩大行业产品影响，扩充国内外销售，与外界合作，研究现有产品质量的提高和品种的改进更新。中心管理局作为生产者、消费者和政府间的桥梁，督促生产者根据要求从事生产，协调各拍卖市场的销售计划和销售活动，制定规章制度，在必要时干预拍卖市场的行为，进行有关市场体制和拍卖效率的研究以及有关法律咨询和市场信息服务等。

3. 拍卖市场的特点

最低限价规定是拍卖市场保护生产者利益的一个重要市场工具，对荷兰拍卖市场体制的完善起到了重要作用。

拍卖市场每年根据情况制定一个低于生产成本的最低销售价。产品如果在降到这个最低价时还不能拍卖出去，则将这些产品销毁。当然也不排除转到其他非竞争渠道进行处理的例外。这些产品的生产者从拍卖市场根据保护价比例得到一定的补偿。补偿金从拍卖风险基金中支付。

生产者的同行拍卖体制使得农业生产者不直接销售商品，因此生产者之间不存在直接的竞争。这样生产者能够集中精力提高生产水平，促进了荷兰农业生产的发展。拍卖市场在百余年的发展过程中不断兼并集中，逐渐由1945年的162个，1957年的137个，到1993年集中至22个拍卖市场。拍卖市场的集中提高了运行效率，降低了销售成本。

4. 拍卖市场与有关机构的关系

与拍卖市场有关的机构有农产品行业协会、国家农业部及欧盟农业政策委员会。农产品协会是根据产品种类形成的行业协会，如牛奶及奶制品协会、水果蔬菜协会等。这些行业协会没有直接的营销行为，主要从事市场、本行业产品销售及产品生产加工技术的研究。承担生产者、拍卖市场、批发商、零售商及与相关工业间的关系协调工作。

农业部是荷兰政府管理农业的最高机构，不直接参与荷兰农产品市场的运行，但对其发展起到巨大的作用。从合作社建立和拍卖销售体制的最初发展开始，政府就始终如一地积极推动和不断促进，并通过政府投资及补贴来发展公用市场基础设施，扶植这种体制的建立，使之不断发展完善。

荷兰是欧盟成员国，它的农业政策必须在欧盟共同农业政策范围内运行。以蔬菜为例，果蔬拍卖市场中心管理局的出口政策导向必须从总体上首先服从欧盟共同农业政策，当然也要符合荷兰本国的农业政策。另一方面，拍卖中心管理局在布鲁塞尔的各种相关协会中都有席位，与本国相关行业协会和农业部保持协调，对欧盟共同农业政策作相应的咨询。

四、农产品市场上的“绿色标签”：农业协会的作用

荷兰农民的开放意识，应该说也归功于民间组织以及农民协会等力量的综合助推。环境选择基金会就是一个不起眼却又有着巨大影响力的独立组织。它负责向政府提供建议咨询，帮助制定环保标准，促进企业提高环保水平。尤其值得一提的是该组织为温室种植户发放的“绿色标签”，引导农户努力创新，不断提高产品的竞争力，培养一种争先能力。

荷兰的温室种植业规模及效益均在世界名列前茅。如何让这一行业达到高产、高效又环保的目标，一直是一个

严峻挑战。为了引导农户节能增效，与时俱进，该基金会与政府部门一起，在温室种植业建立了一个“绿色标签”发放制度。发放“绿色标签”需经过严格的程序。环境选择基金会只有建议权，最终决定权在联合专家小组。小组分别由来自环境部门、农业部门、全国农协、研究机构、倡议者协会的专家以及独立农户共6人组成。

在“绿色标签”评定体系中，除了基本要求外，还有五项“加分”指标，它们分别为用水量、能源消耗量、营养成分、农药使用量和光污染。例如，光污染指标要求种植户必须在温室的四周以及顶部装上可供开合的幕帘，以免强光“跑”到外面，造成光污染。五项指标均有相应的积分。

荷兰的温室以室温17摄氏度为界分为两种，界线以下为低温温室，主要种植蔬菜；此界线以上为高温温室，主要种植花卉以及室内植物等。这两种类型温室的取暖方式不同。低温温室的累计积分达到85分以上，高温温室的积分达到100分以上，才有资格申请“绿色标签”。得到“绿色标签”以后，将被纳入为期10年的评估监督期，由两家独立的专门公司每年来进行评估。其评估结果有三：最佳结果为同意延长；次为限期改正；最糟糕的是“摘牌”，收回“绿色标签”。

温室种植户拿到“绿色标签”以后，可根据积分高低向政府申请减税。如在2005年1月以前，最高可享受40％的所得税减免。另外，还可申请政府贴息。农户因投资“绿色标签”温室从银行贷款时，政府将为其支付1％的利息。与此同时，银行如向“绿色标签”温室建设发放贷款，可从政府得到1％的额外利息补贴。也就是说，政府为了支持“绿色标签”温室发展，将提供2%的利息补贴。

绿色标签制度实施以来，效果非常明显。一是温室种植业的能耗大大降低。如2003年的平均能耗只相当于1980年的一半。今后能耗还将继续降低，2010年时，能耗水平将只有1980年的35%。二是技术创新方兴未艾。如荷兰种植西红柿的温室已完全与农药杀虫说再见，而代之以“虫吃虫”的方式。专门提供“虫吃虫”服务的公司也应运而生。他们专门饲养各种吃害虫的昆虫，可应客户之需放进温室，在害虫产卵之前将其消灭殆尽。三是循环利用得到推广。如温室作物需要二氧化碳，冬天农户烧气取暖，将热水用来加热暖房，二氧化碳用来给作物补充“给养”。夏天也同样需要烧气获得二氧化碳，但产生的热能基本派不上用场，造成能源浪费。后经环境选择基金会“撮合”，英荷皇家壳牌公司炼油厂产生的二氧化碳有了买主。二氧化碳经过废弃的输油管道进入温室大展宏图，从而真正达到了“物尽其用”的效果。

一个具有市场意识的荷兰农民代表

从事温室种植的斯蒂夫·豪斯曼可以说是体现荷兰农民开放意识的一个代表。他将温室变“耗能”为“产能”，让众多同行大跌眼镜。如今的他是荷兰报刊媒体的一个焦点人物。

荷兰的温室种植面积约占世界温室面积的1/4，温室种植成为荷兰农业的一大特色。普通温室在冬天时需要烧气取暖，夏天时还要耗能制冷，是个十足的能耗大户，年均每平方米要烧掉40立方米的天然气。5年前，豪斯曼就萌生想法要扭转暖房大量耗能的局面，开始准备投巨资建立节能型的温室系统。但那时天然气价钱很便宜，温室费“气”不费钱，镇上的许多农民因而并不在乎。他们觉得豪斯曼的想法简直是“发了疯”。时过境迁，居高不下的天然气价格如今已成为温室种植户们“不堪承受之重”，许多农民不得不考虑关闭温室。相比之下，豪斯曼先生却是潇洒自在，因为他家的温室每平方米年均只需耗气5立方米，而且还能储藏多余的太阳能。

豪斯曼的温室共有2.6万平方米，种植各种花草，采用无土栽培技术，主要为写字楼提供观赏花草。其中新型温室约有6000平方米，屋顶是双层多角度玻璃，可最大限度地吸引太阳能。春夏秋季，多余的热能被输往地下30米至70米处，用于加热摄氏9度的地下水。冬天，经过加热的地下水循环回到地面，给温室加热。在玻璃顶层的下面，还有一层可平移的铝制房顶。白天阳光强烈时打开，晚上关闭，尽可能地将余热留在温室里。如此一来，热能损失量可减少45%。这一切均由电脑自动控制。冬天，经过加热的地下水除给6000平方米的新型温室加热外，还可部分地为其余2万平方米的普通温室“供暖”，从而节省大量能源。这便是温室“生产能源”的基本原理。

除了自己投资兴建节能型温室外，豪斯曼还想着帮助其余温室种植户节能。他与镇上的其他农民一起，以合作参股的方式办起了能源供应站，一方面从市场上购买天然气；另一方面则与荷兰专门收集垃圾的公司签约，由他们提供可供焚烧的垃圾。能源供应站除供应温室外，还给附近的村民们提供生活用电。能源站开张以来，入股农户的能源开支比直接从电热公司购电购气节省了20％～25％。随着越来越多的农户入股合作，能源站的供热覆盖面达到了210公顷，它相当于豪斯曼家温室面积的80倍。尤其让人意想不到的是，能源供应站除供热供电外，燃烧天然气及生物垃圾所产生的二氧化碳，在经过净化后被送到温室，供作物吸收。无论是能源供应站还是温室，几乎不产生什么废料。

出身农民家庭的豪斯曼虽未受过高等教育，但他对新鲜事物充满激情，始终有着强烈的开放和创新意识，这正是他的成功之道。

豪斯曼对未来充满信心，“人说荷兰人都有‘绿色手指’（意为点钞赚钱能力），其实，开放意识才是‘绿色手指’的真正意义所在。”

第六章　日本农业市场的开发与经营

日本是一个狭长岛国，人多地少，耕地不连片。第二次世界大战后，日本在全国范围内实行土地改革，废除了长期存在的地主制和租佃制。将地主手中的土地划分成小块田地分给农民耕种，在农村确立了自耕农制，虽然土地规模小，但是土地是归农民所有的，给了农民很大的积极性。由于实行了土地改革，绝大多数农民成了自耕农。当时，自耕农已占总农户的95%，其余为租借小块土地的半自耕农和佃农。后来，日本颁布了《土地法》，限制土地权利的自由转让、买卖，从而限制了土地经营规模的扩大，从一定程度上阻碍了农业的发展和提高。因此，1962年政府修改了《土地法》，逐渐允许土地租佃、借贷和买卖。由于工业和其他产业的发展，日本国民收入水平提高很快。但是，农民经营的土地规模小，生产效率低，农业收入不能维持上升的农民消费水平。因此，少数上层农户开始通过购买、租借土地扩大生产经营规模，增加收益，走向农业的专业化生产道路，发展成为专业农户。而大多数农村劳动力逐渐向其他产业部门转移，成为兼业农户。由于兼业农户的大量存在，促进了农业以外的其他产业的发展，从而导致了对农产品市场需要的增长，农产品市场价格也相应提高，反过来又促进农户的农业生产力和农业收入的增加，提高了农户的生活水平。

在日本农业实现现代化的整个过程中，始终是小规模的土地私有制经营的格局，政府从未采取过强制的办法改变这种经营模式，而是采取各种技术和方法，以适应这种小规模经营模式。例如，在农业机械化的研制和生产过程中，先设计小型小马力的农业机械，而后，再推行大型农业机械；在农业新技术、新品种推广过程中，选择那些不受耕地面积限制的技术和品种；在确定投资项目时，重点考虑那些投资小、收益快、成本低的项目，使日本农业现代化得到了迅速的发展。

总体来说，日本是根据农业产业的弱质性较早对农业实行特殊保护的国家。长期以来，日本政府根据农业产业自身特点和在国民经济发展整体格局中地位的变化以及农产品国际贸易的具体要求，因势利导，形成了一整套对农业保护的制度和规则。研究这些制度和规则，对于制定中国的农业市场经营与保护有一定的参考价值。

一、以市场为目标的农业产业化经营

早在“明治维新”时期以前，日本农户为了扩大土地生产规模，便于使用农业机械、设备，在农业生产过程中就成立了共同作业、共同利用等劳动互助组织。由于战后工业的高速发展，小农经营的农业生产率与工业收入差距不断扩大，小农经营与大规模农业经营之间的生产力差距也在扩大，因此，农业生产过程中的共同组织出现了许多新的形式，例如：开展共同利用农业机械、设备的共同利用组织；共同采用新品种、新技术，实行共同作业的集团栽培组织；委托他人耕种、收割和经营的受委托组织；畜牧业生产组织；共同投资、共同经营的协业经营组织。政府对这样的生产组织和经营模式特别支持，所以合作经营的模式取得了迅速的发展。

日本通过建立完善的农产品市场体系，发展农协组织，较好地解决了小农户分散经营与大市场、大流通之间的矛盾，提高了农民的组织化程度、社会化服务水平和农业产业化经营水平。特别是农协组织成为政府与农户之间、市场与农户之间的纽带和桥梁，在农业产业化经营中发挥了关键和核心作用。

日本农业产业化的类型主要有两种。一是合同制，这是农工商一体化最主要的形式，广泛存在于现代农业国家中，农场或农户与有关工商企业通过合同联系起来，农场向工商企业提供农产品，企业向农场供给生产资料、技术和贷款。二是以农协等合作组织牵头，组织农业生产资料生产、供应和农产品收购、加工、储藏、运输、销售等。日本把前一种形式叫做龙头企业＋基地，后一种形式称为协会＋基地。

（一）企业与农户联营进行农产品的深加工

企业与农户的协作经营开始于第二次世界大战之后。随着国民经济的高速发展，战后日本对农产品的需求数量大幅增加，农产品生产与加工业都需要发展，加工业资本家进入畜产品、水果、蔬菜等生产领域，与农民签订合同，采用合同制栽培、合同制饲养的方式同农户结合，形成专业化、地区化的集团栽培组织和畜产品共同组织。这种结合方式，一方面对企业来说，有利于取得较低廉的农产品原料，确保加工原料的数量和质量，实行大规模的农产品加工；另一方面，农户有比较稳定的销售渠道，不愁生产的产品销不出去，并能取得企业资金的支持，生产资料的供给和技术上的指导，可以使农户减少投入，降低成本，增加收入。这种合同制经营模式，对于扩大经营耕地面积，采用机械、设备，改进栽培、饲养技术，增加对农业的投资，加速农产品流通过程，节约流通费用，减少耗损，促进农产品加工业发展和提高农业生产率都起到了极其重要的作用。

这种方式以日本枥木县可果美加工厂最为典型。可果美加工厂的主要做法是：

第一，面向市场，不断调整产品结构，拓宽加工领域，扩大加工规模。

该工厂 1919 年建厂，通过在市场中近百年的成长，不断发展壮大。起初主要加工色拉酱，占工厂总产量的 90%左右，目前已发展成为色拉酱、麦茶、食品等多个品种。原料以番茄、胡萝卜、苹果、蔬菜为主。工厂的生产宗旨是健康、营养、快乐，产品方向是朝着优、全、便、健的方向发展。

第二，利用高精深的加工技术，提高效益。加工技术全部采用现代化技术，整个加工过程由电脑操作系统控制，生产率高，效益好。

第三，完善流通体系建设。工厂在国内和国外都设有直销店，将产品销往国内外。

第四，合同制服务，带动基地建设。可果美加工厂为了稳定原料供给，走产业化之路，与农户签订生产合同，提供一条龙服务，建立原料生产基地。合同内容主要包括：约定种植面积、价格、期限；工厂每年根据上年度的销售情况，确定今年的生产情况，签订年度合同，叫做以销定产；根据农林水产省确定的品质规格，分色泽、含糖量、大小、病虫害情况等签订合同；责任分担，包括检查、报告义务等。可果美加工厂为了更好地提供服务，他们将经营地域分为关东地区和中部地区两片，设立原料事务所，提供各项服务。从产前提供种苗，产中技术指导服务，到产后收购提供一条龙服务。整个过程手续费全部由工厂承担，农民按合同价格得到收入。龙头企业的强劲带动，促进了经济的发展。

“植物工厂”：可果美公司

可果美公司是日本著名的果蔬饮料和沙拉酱公司。该公司是于1919年由农户创办的，刚开始专门生产西红柿。对于当时的日本人来说，西红柿还很神秘，味道也很奇怪，所以销量并不好。于是可果美公司果断地改做食品加工，用西红柿酱打开了市场。1998年，可果美公司重新获得农业法人的资格，开始组建大型农场，种植果蔬。现在全国已经建起了40个这样的“植物工厂”，其中8个采用了高科技管理手段，总面积70万平方米。“植物工厂”主要种植西红柿、胡萝卜、彩椒等果蔬，年产42万吨，其中西红柿33万吨，占日本西红柿消费量的23%。

可果美的西红柿温室非常庞大，人们在里面工作要骑自行车。温室的内部环境完全依靠电脑自动控制，浇水、施肥等只需按下电钮就成，西红柿秧利用牵引技术，最长可以长到15米。不断播放着音乐的温室里还铺上了铁轨，人们身着随意的半袖衫，坐在可以升降的小车上沿着轨道悠闲地工作。授粉的时候，温室里还会放进一些蜜蜂，让西红柿维持自然的生长状态。这里70%的员工是女性，原因是工作几乎没有强度，而需要多一份细致。可果美的“植物工厂”里还有十几名来自中国的打工妹，公司对她们的勤劳和聪明赞不绝口，表示今后还要扩大招收中国员工。事实上，在日本许多大大小小的农场都发现有中国人在帮农，这些“研修生”非常勤劳好学，除了赚钱贴补家用，也学到了日本农业的先进技术和经验。

可果美的西红柿是公司自行研究的新品种，个头不大、颜色鲜红、味道浓郁、营养价值高，很受餐饮店和家庭的喜爱。

（二）农协与农户联合经营农产品销售市场

日本农业经营的特点不同于欧美式的大农场化，而是以农户作为经营单位，平均每户经营耕地约1公顷，经营耕地面积在1公顷以下的农户占60%，属于超小型经营方式。日本是典型的精耕细作型的小农业，土地分散、规模小，这与中国很相似。但是日本就是在农民小块土地经营的基础上，实现了农业现代化。

农协与农户联合经营的农业产业化是通过各级农协组织农民合理调整产业结构来建立生产基地，如枥木县围绕东京圈发展生鲜蔬菜、肉奶蛋类等产品。农家所生产的产品通过农协输送到批发市场，由批发市场出售到消费者手中。他们的做法是：

第一，完善市场服务体系建设。以东京都中央批发市场为例，该市场为完善运行机制，1923 年制定并形成了中央批发市场法，目前东京都设有 11 个农产品市场。市场从国内外各地聚集齐备大量的、多种类的产品。在农产品市场上，以拍卖原则为交易的基础，为了能依据买方给出的最高价格，即时地定出该物品的价格，市场能够迅速地决定反映当日供需关系的公正价格。将物品分割成容易购买的数量和体积大小，尽快卖给前来市场进货的为数众多的零售商。由于在同一地点进行大量的物品交易，可以节省在流通中花费的运费等流通费用。当日公布进货数量和批发价格，防止了交易的混乱。

第二，市场辐射，带动生产基地建设。农协合理的市场组织流通形式，强大的市场带动，促进了各类生产基地的发展，推动了产业化进程。

日本农协全称为“日本农业协同组合”，其前身是 1900 年建立的“产业组合”。日本农协以“提高农业生产力，提高农民的社会经济地位，实现国民经济的发展”为目的，是法制化的农民自主的合作组织。农协是农民自己的组织，有着“民办、民管、民受益”的特点。农协采用一人一票制的管理方式，以便充分发挥成员的民主权利。为确保农协成员的主体地位和经济利益，日本每个综合农协、每一个联合会甚至农协中的每一个部都有一套章程、规约、规程。日本农户是农业经营的基本单位，每个村都有农协的基层组织，几乎把每个村庄的所有农户都组织起来，目前，全国有 99%以上的农户参加了农协。农协成为一个强有力的代表农民利益的社会经济团体。日本农协包括地方性组织和全国性组织，已经形成了一个完整体系，自下而上按地域范围可分为三个层次，即市町村层次、都道府县层次和全国层次。农协主要有五项职能，即：农副产品的销售，农业生产资料和物资的采购，农业金融服务，农业保险服务以及农业管理。这五项职能，基本包括了农业生产领域的产前、产中、产后的所有与农业有关的各项服务。

农协在农产品市场流通领域上的服务主要包括：农业生产资料、农民生活资料的购买和农产品的销售。农协通过组织农户开展联合销售与购买，形成大批量买卖，从而能在市场上争取以较低价格成交，阻止商人在中间环节层层加价。

在生产和生活资料购销方面，日本农协通过共同采购、预约订购、送货到家的办法为农户提供服务。当农民需要什么商品时，可先向本地区的农协订货，农协将订单送到县经济联合会，再经全国农协联合会汇总后，统一购买，送货到户。购销的生产资料主要有化肥、饲料、农机、石油、运输机械、保温和包装材料等。农户生活资料的供应，则主要采取店铺供应、预约供应和展销供应。

在农产品销售方面，日本各大中小城市都有由农协直接参加或组织的农产品批发市场，而且相当活跃；同时在农产品销售中，为了提高农产品的附加价值，日本农协还建立了一批加工厂、包装厂、预冷库、冷藏库、运输中心以及批发市场、超级市场、商店等。农协利用自己的组织系统，且利用自己拥有保鲜、加工、包装、运输、信息网络等现代化的优势，将农民生产的农产品集中起来，进行统一销售。由于经农协上市的农产品具有统一的规格和质量要求，因此农产品上市计划性强，销售量大，销售稳定。另外，经农协上市的产品，在批发市场内拍卖成交，价格对农民有利，并且几天之内就可以结算付款，不会对农民欠款。农协为农民销售产品，收取手续费很低，是农产品销售额的1.5%～3%，与农民结成利益共同体。因此农民一般都乐意委托农协代销农产品。农协在接受农户委托销售各种农产品的同时，还充分发挥其调节供求的功能，根据市场需求的变化指导农民调节生产，而且还进一步指导农家降低生产成本，尽可能地将共同销售的利益留给农家。

此外，农协还举办或设置了许多农民个人无力购置的大型设施，包括粮食加工、育苗、育种、储藏、饲料加工设施、农机具服务站、汽车修配站、机械服务中心等。农协不仅具有上述职能，因农协本身也是一个经济实体，有的农协还办医院和搞其他经营。所以在日本，农协无处不在，无时不有。没有农协，农业生产就无法进行。

日本的蔬菜产销模式

日本的蔬菜生产主要以家庭经营形式为主，与其他发达国家相比，日本蔬菜的生产和零售单位散而小，解决蔬菜产销问题有相当的难度。但日本正确地实行了“分散生产、分散供应”的蔬菜产销模式，较为成功地解决了蔬菜的产销问题。

日本蔬菜从生产到消费要经过5个阶段，即生产、上市、接受货物和批发、零售、消费。生产阶段由分散的农户完成。上市阶段有个人上市和共同上市两种形式。个人上市指农户将蔬菜直接运到市场上出售；共同上市指由农协组织的蔬菜上市。接受货物与批发阶段主要由批发市场承担，集货批发商把蔬菜批发给中间批发商、零售商、加工业者和大宗需求者。零售阶段主要是零售店把蔬菜出售给食堂、学校、医院和一般家庭。

日本蔬菜的规格标准概括起来主要是要求所有蔬菜都必须具有该品种固有的形状、色泽、无腐烂变质、无病虫伤害、干净、无沙土等异物。大小标准一般分为三级，分级标准因种类不同而异。

日本蔬菜的物流运输有以下特点：一是“冷链”运输、储藏，其流程为采收、农协预冷库、冷藏运输车、批发市场冷库、超市冷柜、消费者冰箱。二是以汽车运输为主，专门运输公司可根据货主要求，保质、保量按时完成运输任务。

日本蔬菜产销中的政府行为管理体制从中央到地方普遍实行一体化的蔬菜管理体制，其管理机构全部设在农业系统。中央在农业水产省食品流通局设有蔬菜振兴和蔬菜计划科。前者负责蔬菜生产、流通过程中的宏观调控及科研推广的协调，后者负责蔬菜统计年报、安排基金发放等。各县则根据蔬菜种植面积的大小，在农林水产部或农政部内设置蔬菜科或蔬菜系，负责管理本地区的蔬菜产销工作。

日本政府至今已正式颁布实施了《批发市场》、《蔬菜生产上市安定法》、《商品商标法》等多项法律、法规，对蔬菜的生产和市场的稳定起到了重要的保证作用。

日本每年向各都道府县下达一次蔬菜产销计划，对蔬菜实行“三指定”。一是指定品种。对人民生活需要量较多的甘蓝等蔬菜实行指定性生产，其上市量占流通总量的71%。二是指定产地。分别规定成片种植同一品种蔬菜的面积，叶菜类、根菜类2500平方米，夏秋上市的露天蔬菜类1500平方米，冬春上市的保护地蔬菜类1000平方米。三是指定消费地。拥有20万人口以上的城市或县政府所在地的城市及其周边地带为指定消费地。

全国由农林水产省信息系统、农协信息系统、农林统计协会信息系统和经济新闻信息系统四大信息系统形成一个自上而下、纵横交错、相互配套的蔬菜信息网络，为蔬菜产销的宏观和微观经济决策提供了重要依据。

二、政府通过价格支持提升农产品市场的竞争力

由于日本农业资源紧缺，农户生产经营规模小，虽然农业现代化、社会化服务水平高，但日本农产品价格普遍高于别的国家农产品的价格，日本的农产品在市场上没有竞争力。为了保护农民的利益，促进农业持续稳定发展，日本政府一直采取对农业的高额补贴政策。此外，政府还积极调整种植结构，提高本国农产品市场竞争力。重点是适当减少相对过剩的水稻种植面积，增加大豆和小麦种植面积。

在市场机制与农业生产弱质性共同作用下，农产品价格极易发生波动，影响农民利益和农业生产，需要建立相应的价格机制，稳定农产品价格。根据WTO农业规则，政府对农产品的直接价格干预和补贴属于“黄箱”政策，应逐步削减。日本的“黄箱”政策主要采取稳定农产品的价格保护体系和实行农产品价格补贴两种方式，具体包括：

（一）对不同农产品建立不同的价格保护体系

如对大米和烟草实行管理价格制度，由政府规定大米收购的最低价格标准，贸易商按此价格直接从农民手里购买大米，贸易商收购时不得低于此价格。对蚕丝、猪肉、牛肉等农产品规定其价格的上下限，在此幅度内随行就市。当市价超过上下限时，政府出面抛售或收购农产品，以使价格稳定在一定的范围内。对于乳制品，主要以自由市场为前提，由政府通过畜产品振兴事业团调节。对大豆和油菜子等实行差价补贴制度，政府首先确定基准价格，农产品随行就市，当市价低于基准价格时，差价由政府以补贴形式支付给生产者。

政府除了对大米进行价格支持外，还对大豆和小麦进行财政补贴，进行价格支持。主要有以下的支持政策：

1. 小麦价格支持政策。为推进种植业结构调整计划，压缩稻谷生产，促进小麦生产，日本政府对小麦生产采取高额价格补贴政策。政府按照前 3 年小麦平均生产价格和物价确定政府收购小麦的价格。对政府收购价与进口小麦市场价格之间的差价，由政府财政给农民提供价格补贴，或者由麦作经营安定补助基金给农户提供直接的价格补贴。2000 年政府小麦收购均价每 50 公斤为 7353 日元（相当于人民币 11 元/公斤），而政府小麦销售均价仅每 50 公斤 1923 日元（相当于人民币 3 元/公斤），其差价全部由财政补贴。

2. 大豆价格支持政策。日本政府建立大豆交付金制度，由国家财政支付交付金。国家按照前 3 年大豆生产平均价格确定补助基准价。参加大豆生产经营安定计划的农户，按上一年大豆产量、补助基准价的3%，交纳风险基金。政府动用交付金按农户交纳风险基金的3倍出资共同建立风险基金。当年生产价格与补助基准价的差价，由风险基金直接给农户提供差价80%的补贴。

（二）实行农产品的价格补贴

日本政府还向农民个人和各种团体提供各种名目的补贴。如引入“生产费补偿和平衡工农收入”的计算方法，大幅度提高农产品价格；对农田水利建设、农业现代化设备、农业贷款利息等进行补贴。这样避免农民自掏腰包，间接降低了农产品的生产价格。这极大地增强了农产品的市场竞争力。

应该承认，农业保护政策对日本经济的高速增长起到了积极作用。首先，保证了粮食的稳定供应（但由于耕地面积减少，日本粮食的自给率呈下降趋势，2002年粮食自给率为40%），尽管土地资源稀缺，但日本大米的自给率达90%以上。其次，推动了日本农业现代化的进程。保护政策除对农产品实行价格补贴外，还鼓励和补贴农民购置农业机械，发展农业教育，推广农业科技，到20世纪70年代中期，日本基本实现了农业的现代化，保证了农民收入的稳定增长。就目前日本农民与工薪家庭比较，农民的经济状况普遍好于一般工薪家庭。

日本政府近40年来实行的农业保护政策对农业发展起过重要作用，但也存在不少问题。虽然对小麦和大豆等实行价格支持，但是由于长期过于偏重大米的价格支持，影响了农业生产的全面发展，造成沉重的财政负担，国内农产品价格远远高于国际市场价格，农业失去竞争力，影响农业成为自立的产业。面对新的国际形势，日本政府对农业政策进行了适当调整，在粮食政策、农业政策、农村建设等方面作了重要的修正，但是为了达到保护日本农业和农民利益的目的，日本继续强调政府对农业的支持和保护，但支持方式将根据WTO规则发生变化。

日本政府大量增加农业投入，但主要用于公共事业，如对农村的基础建设、兴修水利等。农业基础设施建设投资比重有明显的提高，农村基本建设投资占农业投资的比重，由1980年的29.5％提高到1995年的49.1％。此外，农业融资事业主要通过农林渔业金融公库资金对经营结构改善、土地改良等事业进行低息贷款，国家对农协开展农业现代化、救灾等低息贷款业务。1993～2002年间，对土壤改良计划的总投资为41万亿日元，主要包括农田水利、道路建设、国土保护、防灾、开垦和农地开发等事业。为帮助农民减轻债务负担，发展生产，政府设立500亿日元的融资规模，以低利率贷给农民，让农民借新债偿还旧债。日本政府还对农业保险事业给予支持和保护，政府特设了农业共济再保险特别会计账户，以确保县级农业共济组合联合会支付保险金的能力。此外，日本的工业向农业提供各种质量高、价格低的农业生产资料（比如各种农业机械、农业用具等），显示了工业对农业的支持。政府控制农业生产资料价格，有利于降低农产品的生产成本，也从根本上提升了日本农产品的竞争力。

三、增强农产品的市场品牌战略

目前，日本农业改革中的一个重大转变是，改变以往防守型的农业政策，而代之以进攻型的农业政策，开展出口高品质农产品的相关活动。此举的目的之一就是让日本的农产品参与国际竞争，从而推动其提高自身生产效率。

（一）市场品牌的塑造

市场品牌塑造的典型是日本的“一村一品”运动。“一村一品”运动简而言之，即充分发挥各地的比较优势，生产具有家乡风味的特产。日本的“一村一品”运动目前发展的势头非常之好。目前，在日本各地都推行本地认证、符合质量标准和环保标准的本地农产品，可以打上“某某县”、“某某市”的认证标签，这些标签既有创意又显得极为有趣。地方认证产生了双赢的效果，通过这些农产品的销售，地方的文化特色得以传播，而依靠地方政府的信誉，又扩大了农产品的销售。可以说，地方认证使得“一村一品”运动更为成熟，更具有规模效应。

日本京都府有着400年历史的锦街市场以销售生鲜食品和加工食品为主。在锦街市场上，各种品牌的农产品都洗净用塑料袋包装，而且农产品个头均匀，并标明产地、价格等。这里的产品上市之前都按标准进行严格筛选、分级，都标明产地、生产者、电话等，以表明诚信经营。

（二）从文化上增强产品的附加值

为了推进地方品牌的发展，日本政府还与地方农协建立起各种各样的农产品展示销售店。日本滋贺县的栗东农产品加工中心有琳琅满目的栗东市本地的农产品，消费者不仅可以购买，还可以在这里的“体验道场”品尝各种特色农产品，工作人员还不时给予讲解，给人感觉在这里吃的不仅仅是农产品，还“吃”着品牌背后的故事和文化。据介绍，栗东农产品加工中心是以有限公司形式注册经营的，日本政府、栗东市政府、栗东市农业协会、栗东市森林组合、栗东市商工会、农户和从业者都在其中占有股份，但政府的投资并不要求分红，只是收回投资即可。

日本"第六产业"的发展

在日本农林水产省，"文化上要附加值"的活动在日本政府的规划中，被称为"第六产业"。

日本大分县丰后高田市的农业第六产业是这样经营的，丰后高田市的内簬地区的振兴地区协商委员会，以农业和观光协调发展为基本方针，组织了 3 个村落建立起一个农业组织，还成立了农产品加工厂。另外，在对本地区农产品加工、销售外的同时，通过建立住宿设施，吸引人们来该地区体验农村生活，促进生产、加工、销售、交流的不断深入，发展了第六产业。农产品官员还介绍，在这些活动中，政府为其提供必要的设施设备，以及税务、财务管理、市场等支援。

（三）从绿色上增强产品的市场附加值

日本消费者非常重视食品的环保和安全，对不用农药、化肥的农产品的需求日益增长。对此，日本政府也高度重视利用农业科技、生物技术，发展高科技农业、生态农业、有机农业，促进农业可持续发展，以实现"提高农民收入、提高农产品质量、保护环境"三位一体的目标。

日本农业目前的重点是减少农药、化肥的使用。在日本东北地区的宫城县登米市、滋贺县多个城市，政府和农协把大米分为三等，一等大米是没有用任何农药、化肥的农产品，称为“有机农产品”，其认证事宜由日本全国农协及其委托的地方农协统一组织实施；二等大米是用了不超过50%农药、化肥的农产品，被称为“特别栽培农产品”，其认证事宜由县一级地方政府组织实施；三等大米是用农药、化肥的农产品，但也要达到日本全国的最低环保标准。对于不同等级的农产品，都要标注清晰并打上不同等级的环保标签。不同等级的农产品价格差距很大，例如，在登米市，有机大米比普通大米价格高出一倍。

（四）通过产学研的紧密结合，使农产品更加贴近市场

日本农业·食品产业技术综合研究机构及其下属的作物研究机构的存在，使得日本的研究机构和市场结合得非常紧密。

日本农业·食品产业技术综合研究机构原本是日本国家设立的专业研究机构，但目前已改作独立法人机构，需要自负盈亏。其下属的作物研究机构主要进行的是农作物的改良研究。作物研究所主要研究生产各种各样的改良产品，如耐高温、耐高湿度、耐病虫害的小麦；如可用作生产饲料的改良水稻；如含营养成分搭配比例不同的“月光米”、“故乡骄傲米”、“牛奶王子米”等。因为日本生活节奏快，饭团是很多上班族喜爱的食品，作物研究机构就此研究出一种新品种的米，其含糖量非常低，这种米做成饭团冷却后，既不会变硬还能保持良好的口感。

为了使研究更贴近市场，该作物研究所从两个方面着手，首先设立了一个前瞻性的课题组，研究未来气候、环境、病虫害的变化，并做成报告资料保存。到了一定的时期，根据报告来研究适时的农产品。再是设立了一个5人

小组，随时对市场进行调研，提出设想并论证可行性，然后进行产品的研究。

特色市场的开发：日本的“一村一品”运动

所谓日本的“一村一品”运动，就是倡导每个村庄都生产一个以上的特色产品，以振兴地方经济。这里的“品”不单指农产品，也包括特产、文化产业和旅游产业等。这场运动始于1979年，由当时的大分县知事平松守彦发起。当时之所以发起“一村一品”运动，是由于以下几个原因：当时城市发展很快，吸引农村青壮年人口流向城市，留在农村的多是老人、妇女和儿童，造成农村地区人口稀少，失去活力；城乡差距越来越大，农村的基础设施、文化教育事业、生活条件以及农民收入远远落后于城市；大分县地理差异较大，各村气候不一样，条件也不一样，为了挖掘各地区的潜力，调动活力，必须振兴符合本地区的产业。

大分县耕地少，每户农民平均只有0.3公顷土地。当时主要的农作物就是水稻，仅仅能够维持温饱。大分县有一个地方名叫大山町，是大分县最贫穷落后的地区，其面积的78%是山林，只有22%左右的面积是耕地，各方面的条件都比较差。大山町的町长矢幡治美发现，种水稻一年只能一熟，种梅子和板栗产值高效益好，还可以开展加工，进一步增值，可以使一年四季都有收入。靠农产品的加工，农民也可以像工人一样每月有收入。矢幡治美还组织村民去以色列考察、学习、研修，带回了先进的农业生产技术和管理经验，更带回了宽阔的眼界。在他的带领下，大山町面貌发生了巨大的变化，1972 年实现了村民去夏威夷旅游的梦想。

1979 年，平松守彦当选大分县知事后，推出“一村一品”运动，提出各地向大山町学习，所有 58 个市町村都作出特色，每个地方尽可能生产有自己特色的产品。20 世纪 70 年代末 80 年代初的日本提出放权，政治、经济以地方为中心，以地方为特色，所以“一村一品”运动正好符合这个要求，一经推出，迅速引起很大反响。由于政府引导，大分县民众也更加认同“一村一品”运动。

“一村一品”运动的成效

“一村一品”运动给大分县带来了生机和活力。例如，大分县产的干香菇从质量到产量都是全日本第一。2001 年的产量为 1425 吨，占全国市场份额的 29%。味道甘甜的温室蜜橘的生产也颇具规模，2001 年的产量达 5630 吨，占全国市场份额的 9.2%，居全国第四位。还有非常有名的丰后牛，其肉质鲜美，在 2002 年日本全国评比大会上获得了冠军。日本的“一村一品”运动非常注重产品的质量和品牌，重点开发附加值高的产品，从而达到振兴地区经济的目的。当然，选择和培养什么作为本地区的特色产品，这完全由当地居民自主决定，一个村子可以推出三品，两个村子也可以推出一品。政府只是从技术和市场开发等方面给予支持。

从 2002 年大分县开展“一村一品”运动的情况来

看，最多的是开发土特产品，其次是建设地方设施，再次是地区文化。单从全县“一村一品”的土特产品来看，品种已由1980年的143种增加到了2001年的336种，销售额从359亿日元（100日元约等于7.26元人民币）增加到了1410亿日元。而且，大分县通过开展“一村一品”运动大大提高了其国内国际知名度。大分县的别府市，每年都要接待1000多万名游客。“一村一品”运动的先进地区，全国知名的汤布院町，人口不足1万人，但是每年却有380万人前来旅游，大大推动了当地经济的发展。几乎每天都有国外要人以及来自各个国家的考察团前来大分县考察“一村一品”运动。“一村一品”运动为大分县的国际化作出了巨大的贡献。

现在，随着新形势的发展，日本的“一村一品”运动有了新的发展，一是做法上的调整，不再是一市町村一品，而是一个县搞一品，以整合品牌，提高当地农产品的市场竞争力；二是加入了安全放心农产品的内涵，满足消费者对农产品质量安全方面的要求；三是提高农产品内在质量水平，使农产品口感好、品质高，以应对海外农产品大量进口对日本农产品的冲击。现在，大分县开展了农产品认证制度即安全优质农产品认证，设计发布了专用的安全优质农产品认证标识，目的是创大分县名牌农产品。

日本自1984年以来，一直是世界第一大农产品纯进口国。2006年，日本农产品自给率仅为39%（1965年为73%），亦即61%的农产品需要进口。

日本进口的农产品品种越来越多，呈现出多样化的趋势，且加工的成品半成品比例大幅度增加。在日本进口的多种农产品上，依赖程度都是非常高的，玉米几乎是100%依赖进口；大豆、小麦进口率在90%左右；水果和肉类也增长很快，由1965年的约10%，到2005年进口依赖程度已经达到了50%左右。一旦输出国停止供应，对日本的食品供应影响极大，这样就构成了日本脆弱的农产品供应体系。为了应对农产品食品供应的危机，日本政府加大了农产品品牌战略的力度。

四、日本农产品市场的新思路——直销店

日本的农产品直销店是最近十多年才真正大规模发展起来的。现在日本全国有1万家以上的农产品直销店，大多数都是在20世纪90年代泡沫经济破灭后开办的，属于农产品流通市场的新军。纵观其发展背景，是同日本政府推行发展大规模农业的政策分不开的。

1991年日本农林水产省将原来根据统计数字的传统农户分类法，即专业农户、第一类兼职农户、第二类兼职农户的三种分类方法，改为只有销售农户和自给型农户的两种分类。规定销售农户为拥有30公亩以上耕地或全年销售额在50万日元以上的农户；达不到以上数额的农户为自给型农户。这样不仅在统计上，更在政策对象上，将自给型农户排斥在外。可以形象地说，自给型农户也就是被解雇了的农户。这样日本的所有农业统计对象就仅限于销售农户。

然而被国家出示“红牌”宣告退场的自给型农户在

1991年时，其总数就占到了全部农户数量的25%，大约有80万户。的确，这些农户的耕地面积规模小，而且务农的多为老人和妇女，但是在农产品自给率极低的日本，是否应将这些小规模的生产力忽略不计呢？虽然也有这样的质疑，但在当时走大规模农业一边倒的农业政策下，这样的声音显得既无力又无奈。

但是让人们意外的是，被取消了政府政策补贴支持的自给型农户非但没有销声匿迹，反而以意想不到的形式取得了瞩目的发展。没有了农业政策束缚的自给型农户反而被彻底解放了出来。自行建造的直销点，或由地方自治团体扶持建设的直销场所纷纷建立了起来，销售的都是超出农户自家消费量的自给剩余农产品，以及以前经由农协（JA）大规模出货时，无法通过严格的出货规格的产品。诸如过度弯曲的黄瓜、大小不一的西红柿等。这些产品仅仅因为不符合农协要求的“大小”、“均匀”之类的所谓的统一规格就被排斥在主流市场渠道之外，而其质量口味都毫不逊色于规格化产品。于是最初农家出于试验心理，100日元一袋将它们放进了货框。让人意外的是，总是被偶尔走进直销店的客人作为意外的“收获”一抢而空。刚从田里采摘来的水灵灵的新鲜优质蔬菜，以及比任何一家超市卖得都便宜的价格，依靠这两个条件，无须宣传，消息在客人之间一传十、十传百，销售额成倍增加。

农产品直销店“伊都菜彩”

以这家名为“伊都菜彩”的九州规模最大的农产品直销店来看，呈现的也是一片生气勃勃的景象。这家开设于2007年4月的店面，整体占地2公顷，店铺面积约2500平方米，拥有400个停车位，位于离九州岛的中心城市福冈市中心驾车30分钟的郊区。该店最初之所以开办，也是由于当地经农协统一销售的农产品销量逐年下降，放弃耕地的农户逐年增多，农协考虑为了增加农户收入，让老年农协会员重振精神，而参考了其他地区的办法及设施，从而投资建设的。此外，作为农业产业的信息发源地，也有利于建立消费者和生产者间的有透明度的交流。

“伊都菜彩”直销店大约有1000户加入会员制的供货农户，其中自给型农户占到60%。采取农户委托直销店代销的形式，但产品由农户（生产者）自行包装，自由定价（店员根据市场行情给予相关的定价等方面的指导）。店铺收取销售额的15%（农产品）到20%（加工产品）的手续费。

销售的产品及比例分别为：蔬菜瓜果花卉大米占40%；畜产肉类占15%；水产占15%；加工产品（盒饭、点心、咸菜等）占20%。本地产品比率达到90%以上。平常工作日的顾客为当地顾客和市区顾客各占一半，而到了周末假日市内客人可达到70%以上，在1万人次左右。人均消费单价为2500～2600日元，一天最高达到过1200万日元销售额。建立后第一年的2007年度销售额就达到了18.7亿日元。这一数额对于近年来零售业一蹶不振的日本来说，实在可称得上是骄人的成绩。

在农产品直销店可以看到喜气洋洋地搬运蔬菜的农妇，也可以看到似曾忘记了农业和农村的城市消费者的张张笑脸。这里不同于城市里冷冰冰的超市货柜，消费者手拿着新鲜的蔬菜，乐滋滋地同生产者（农户）交流，时不时地询问一下加工烹饪的方法。包装上印有农户的名字和联络方式，在不知不觉中拉近了顾客的餐桌和农户田间的距离。并由此消除了以往顾客由于见不到生产者而对产品产生的疑虑和不安。

日本现在像“伊都菜彩”这样的农产品直销店遍及全国各地，有些地区店铺数量和销售额都呈明显上升趋势。和绝大多数直销店一样，该店最大的卖点就是，绝对保证产品的新鲜，即当日无法卖完的产品，晚上由各家供货农户撤柜回收处理。另外，对于产品的食品安全责任，该店采取定期对产品进行品质安全检验，同时以生产者为主，加入对消费者负责的统一保险，并且各家农户的产品上印有生产人姓名、电话。这在很大程度上加大了农户对产品的生产责任心。因此，这些措施使消费者更加认同其品质和鲜度，虽然产品的价格并不比市区超市便宜多少，但成为直销店“粉丝”的回头客却是不断增加。

此外，尽管“伊都菜彩”直销店开办不久，却在管理上早早地引入了高科技手段。管理人员不仅采用了 POS 系统，更是根据直销店的特殊需要开发引进了先进的软件。通过该软件，让供货农户通过手机和短信就可以随时进入系统了解自家产品在店内的即时销售数量和金额以及是否需要补货调节等信息，方便农户自行管理。还值得一提的是，管理层运用营销原理针对当地产的优质大米和小麦，着手开发品牌大米、面包及乌冬面，并已初步取得了较好的市场反响。

统计显示，目前日本的农产品直销店的全年销售总额已超过 6000 亿日元，这相当于日本东北三县的农业生产总额。另外日本的农户年平均收入约 120 万日元，6000 亿日元相当于 50 万户农家全年的收入。由此可见，农产品直销店不仅使曾被日本政府农业政策“驱逐出场”的至少 50 万户农家获得了新生，更在一些地区带动了观光农业、饮食事业、农家餐厅等城市和农村的交流项目，并引起了一股对传统菜肴和家乡菜再认识和评价的热潮。

日本的农产品直销店大有可借鉴之处。首先，日本的直销店定位于城市近郊，而中国的一些大中城市的中、近郊也完全具备建设直销店的条件。其次，日本的直销店帮助自给型农户解决了剩余和规格外农产品的问题，而国内却也可解决一批中小合作社和散户农家的产品由于“门槛”过高而进不了超市和大卖场等主流零售渠道的问题。此外，办直销店还可以通过快速出货当天销售的方式解决现有市场体系难以达到的保质保鲜等问题。同时，也可帮助合作社和散户农家解决支付资金回笼慢等烦心事。

从近年来困扰中国农产品流通的一大问题，即流通过程中的流通成本居高不下、流通环节仍然过多过杂的角度来看，农产品直销店的做法可以缓解这些问题，而且增加了中近郊散户农民或合作社的经济收入，提高其生产积极性，带动地区经济发展；同时加强生产者和消费者的直接交流，提高农产品信息的透明度和产品的品质和安全水平；加强带动观光农业和农家乐餐厅等相关产业的发展等作用。

第七章　韩国农产品市场的开发和经营

20 世纪 70 年代以后的 20 年间，快速的工业化发展进程将韩国从一个经济贫困国转变为世界第十二大经济强国。随着经济的发展，由于政府对农业长期高额补贴、贸易保护等一系列农产品贸易政策，使韩国农业在国民经济中的地位大幅下降。农业占国内生产总值的比例由 1960 年的 40%降至 2000 年的 4%；农业劳动力比例低，1970 年到 2000 年间，韩国的总人口增长了 1500 万人，但农村人口却下降了 1000 万人，农业就业人口从占全国劳动力总数的 50%降至 8.5%；2000 年农业经济增长率仅为 1.1%，与 8.8%的国民经济总体增长极不协调。

多年来，韩国农产品生产主要靠政府的扶持和边境贸易保护来维持，但 WTO 协议允许政府对农民的直接支付却很低，2000 年仅为农民收入总额的 2.6%。作为一个贸易大国，韩国的农产品出口很少，与其他经济领域形成了鲜明对比。因此，农产品进口在满足韩国国内食品、饲料和原材料供给中发挥着重要作用。虽然大米、园艺作物和畜产品等几种农产品已经实现了自给，但由于人口密度增加，生活水平提高，韩国的土地和牧场面积已不足以满足人们粮食和家畜饲料的需求。同时，作为一个工业化水平和劳动力成本不断提高的国家，小麦和棉花等品种的种植在韩国已被彻底淘汰，剩下的小规模小麦、大豆和玉米种植业依然靠政府的补贴和贸易保护政策来维持。为了保住养殖、面粉加工和纺织、服装及皮革产品制造等出口强项，韩国不得不全部依赖进口来解决饲料、大豆、小麦、棉花和皮革等原材料。因此，从 20 世纪 60 年代开始，韩国几乎已经变成一个纯粹的农产品进口国。2000 年农产品进口额为 80 亿美元，占进口总额的 5%，出口额仅为 13 亿美元，而且其中大部分属来料加工。

在对韩出口国中美国居领先地位，出口产品包括玉米、牛肉、皮革、大豆、面粉和棉花，2000 年出口总额达 26 亿美元。其他主要出口国为澳大利亚（小麦、牛羊肉、羊毛、糖）、马来西亚（橡胶、棕榈油）、新西兰（牛肉、猕猴桃、奶制品）、加拿大（谷物饲料、油菜子）、欧盟（猪肉、谷物饲料、肉制品）和中国。

贸易壁垒的减少和食品市场结构的变化为以美国为首的发达国家出口商带来一定的机遇。2000 年，美韩农产品贸易额达 26 亿美元，其中 10 亿美元为消费者喜欢的方便食品和农产品半成品，肉类制品所占比例最大，其余为柑橘、橙汁、冷冻蔬菜（尤其是炸薯条和甜玉米）及品种繁多的加工食品和饮料，棉花、皮革、小麦、粗加工谷物和大豆的贸易额约占 50%。虽然这些原料性农产品的贸易壁垒较低，但贸易增长的潜力也不大，而成品及半成品市场则显现出较强的增长势头。

一、韩国农产品市场的现状

到 20 世纪 80 年代中期，韩国农产品的市场渠道主要还是以农贸市场为主。大多数农民将自己生产的农产品拿到农贸市场自己销售或通过拍卖销售给零售商和消费者。这一时期，作为生产者的农民和作为消费者的零售商处于分散、无组织状态，批发市场经营商主导着农产品的销售形势。而农产品市场的销售渠道一种是农民自己在农贸市场销售，另一种是收购商到产地收购，再到农贸市场批发或零售。

近年来，由于韩国大型流通企业的兴起，特别是以新鲜时令蔬菜招揽顾客的各种超市、折扣店的增多，使农产品的流通形式和渠道发生了较大的变化。农民的销售渠道主要有四个：农民在当地销售给产地组合或协会，占 34.5%；销售给产地收购商，占 21.4%；销售给储藏加工企业，占 29.6%；在当地竞卖和直接销售给用户，占 14.5%。在农产品流通的中间环节，大型批发商占据主导地位。批发商的销售渠道主要是零售商、中间小批发商、大型流通企业和大量需求者。总体看通过市场销售的占 67.8%，直接交易和市场外交易占 32.2%。在最终消费阶段，一般消费者的消费占 75.4%，大型需求者消费占 24.2%，出口和其他消费占 0.4%。一般消费者的购买渠道主要是零售商、大型超市，少部分消费者到产地直接购买。

根据韩国农水产品流通公社的调查分析，2005 年韩国大米的零售价格，农民销售收入占 76.8%，流通费用占 23.2%；白菜、萝卜等根叶蔬菜类的销售价格中，农民销售价格只占 31.5%，流通费用和中间利润占到 68.5%；西瓜、草莓等水果类，农民所得占 58.1%，中间费用和利润占 41.9%；辣椒、大蒜、大葱等韩国民众日常生活中必不可少的调味蔬菜类的零售价格中，农民销售价格只占 35.2%，流通费用和流通利润占 64.8%。

在韩国农产品中，大米的流通占农民收入的大部分，其余农产品流通形成环节较多、费用偏高。一方面，农民的销售价格不高，直接收入较少；另一方面，农产品零售价格较高，城镇居民农产品消费支出较大。近几年，韩国农副产品的零售价格大幅上涨，个别产品超过日本东京的零售价格。在首尔等大城市家庭主妇中流行“黄金蔬菜”、“黄金水果”的说法。

二、韩国农产品市场的政策环境

韩国是一个农产品进口大国。为了提高本国农业生产力，最大限度地避免农产品进口对本国农业的冲击，韩国进行了 30 多年的努力。政府在对外贸易政策中构筑了较强的农产品贸易壁垒，在严格限制进口的同时，大力支持国内农产品价格和部分农产品生产。直到 20 世纪 80 年代末关贸总协定谈判和 1995 年的乌拉圭回合谈判时，韩国的农产品贸易壁垒坚冰才开始逐步打破。

韩国政府农业政策的两个最主要目标是实现农产品自给和消除城乡收入差距。政府利用具有鼓励性的收购价格和进口壁垒来实现这一双重目标。一方面，对大米、大麦、玉米、大豆和烟草生产给予不同程度的政府补贴；另一方面，对大米、大麦、水果、蔬菜和畜产品进口实行高关税壁垒；同时，对小麦、谷物饲料、油菜子、皮革和棉花等进口物资却降低市场准入限制。大米在韩国农业政策中占有重要地位，政府以高昂的预算支出和纳税人支出为代价，通过大量收购的办法来控制大米的市场价格和稻农的收入。然而，1995 年后，韩国对世贸组织所作的关于削减综合支持量的承诺对这些补贴措施起到了一定限制作用。2000

年，政府收购量下降至 17%。但大米进口仍由政府控制，并使进口大米与国内市场隔离。这种生产扶持加进口限制的双重保护措施使大米零售价仍高于国际市场价格。

在 1989 年结束的由关贸总协定发起的双边和多边谈判中，韩国同意到 1997 年 7 月 1 日后不再享受关贸总协定第 18 条关于发展中国家在关税上可以有适度灵活性的规定。截止到 1989 年，韩国政府已收到各国和各地区政府提出的一大批要求审批以取得进口许可的产品名单。根据关贸总协定第 18 条，韩国对这个名单作了调整，协议签订后，韩国宣布了对多项进口产品关税调整的一系列贸易自由化措施。在高关税壁垒政策的保护下，韩国农业领域并没有为乌拉圭回合协议要求的市场准入做好充分准备。于是，在履行乌拉圭协议的同时，政府又投入 500 多亿美元，从 1994 年开始了为期 5 年的全面农业政策调整。同以前以大米为核心的政策相比，新政策更具前瞻性，焦点从水稻生产转移到其他领域，包括经济作物生产、销售手段和农村基础设施建设等。然而，当 1996 年韩国大米储备下降到低水平时，这一前瞻性政策又重新调整为以国内水稻生产为重点，限制国外进口的政策。在实行上述 5 年发展计划的同时，韩国立法机构还通过了一项新的特别税，其目的是从 1994 年起，在连续 10 年内，每年筹集 20 亿美元以帮助农村克服乌拉圭协议所带来的影响。上述两项措施的结合意味着在这 5 年内政府要拿出 600 亿美元的预算用于农业。

尽管发生了 1998 年的经济危机，政府领导层发生了变化，农业政策也进行了一些调整，但对农业给予大量投入、对部分农产品实行保护的政策始终未变。决策者在考虑政策框架时越来越多地倾向于“农业的多功能性”这个概念。

按照这个观点，实行农产品进口会取代国内农产品生产，而农业的其他功能，如环境功能和文化功能则不会产生这种影响。这就为继续通过贸易壁垒或国内补贴来维持国内生产提供了理由。水稻问题仍是农业政策中的焦点问题，政府采取各种激励措施减缓水稻种植面积下降速度。然而，政府指导下的自由市场大米价格被压得很低，使农民通过种植高产水稻获得额外收益的积极性受到影响。于是政府便投入大量资金以提高水稻种植业和加工业的生产效益，并为外部投资商收购农场或投资于水稻种植铺平了道路。关于最大农场规模方面的限制已经基本取消。生产规模的扩大将带来生产成本的下降，如果价格维持在现有水平，大型农场将来的获利前景是有保证的。

在畜牧业方面，韩国政府希望扩大禽类和猪肉出口，同时尽最大可能维持国内肉牛生产。为了达到这一目的，政府将牛肉进口贸易中获得的利润集中用于畜牧业基础设施建设。如果牛肉市场价格严重下跌，政府便会及时出面收购；同时，政府还将随时对猪肉市场进行干预以保持猪肉价格稳定。韩国的冷冻猪肉、禽肉进口配额制度终止于1997年7月1日，最后于2000年12月31日取消了全部肉类产品进口配额。到2004年为止完成关税减让。韩国目前正致力于在对本地肉牛品种Hanwoo进行改良的基础上培育优质肉牛，同时鼓励生产分级肉、分割肉、鲜肉、冻肉等不同产品。韩国将继续以高关税限制食用糖的进口以保证作为玉米甜味剂工业原料的食糖继续保持市场高价位。以大麦作为饲料现已获得许可，一旦国际饲料市场价格对大麦有利，韩国将开始进口。目前大麦进口仍有少量关税配额限制，大豆、玉米的关税配额已经取消。对这些饲料加工工业原料的进口，政府已几乎全部放开。

三、韩国政府发展农产品市场的措施

在“贸易立国”、“出口第一”方针的指导下，韩国对发展农产品贸易采取了以下的政策和措施：

（一）把农产品市场建立在主粮自给和国内农产品价格稳定的基础上

为了减少粮食进口，韩国政府在经济起飞之初，就把粮食自给作为一项重要的经济政策和奋斗目标。通过开发和普及适合本国土壤的水稻高产品种，确定部分耕地永远不得作非农业使用，以及由政府向农民廉价供应化肥、农药和农具等措施，韩国于1977年实现了大米自给。

另一方面，韩国政府又对国内农产品的价格直接进行干预，力求稳定农产品的价格。

韩国当局首先干预的是米价。从20世纪60代后半期起，韩国对大米和小麦长期实行高价收购、低价出售的双重价格政策。收购价与销售价的差额，由政府补贴。1970年至1991年累计对大米的补贴总额为45951亿韩元，对小麦的补贴总额为8524亿韩元。1978年，韩国又对“价格不稳定”的农产品建立储备制度。这实际上是扩大了农产品的补贴范围。

主粮的自给使韩国便于逐步开放其他农产品的进口。国内农产品价格的相对稳定，也有利于农产品贸易的发展。

（二）大力拓展农产品出口

韩国政府一直把主要的注意力放在扩大水产品的出口上面。一方面，当局以提供贷款等方式，鼓励渔民发展水产业，并拨出资金，大力发展远洋渔业。另一方面，对经营水产的公司则提供一些优惠。如：该公司外汇收入超过总所得一半的，可在普通折旧之外，另提30%的特别折旧。以赚取外汇为目的之渔业投资，可按投资额的10%从法人税中扣抵。由于措施得力，水产品的出口增长较快。1990年与1965年相比，水产品产量增长4.1倍，出口量则增长9.3倍。

在拓展农产品出口中，韩国又比较重视对农产品进行深加工这一环节。随着造纸和制糖工业的发展，纸张和精糖也成为韩国农产品出口贸易中的大宗商品。

除了关注重点出口商品之外，韩国还设法扩大输出那些不受贸易保护主义限制的农产品。20世纪70年代，曾经输出过仙人掌、银杏、青苔、松鼠，甚至连蚯蚓、蝗虫也拿来出口。为了向日本的钓鱼者供应鱼饵，连小孩也被动员起来挖蚯蚓。1977年，韩国出口蚯蚓创汇500万美元。

（三）对农产品进口实行开放与限制相结合

此项政策的主要内容是：把进口的农产品分为当然承认品种和限制承认品种或禁止品种两大类。本国没有或很少生产的农产品，发展国内工业所需要的农业性原料，保证人民基本消费的食品等，属于当然承认品种，进口商可直接向结汇银行办理进口结汇，自由进口。属于限制承认品种，则必须在进口前经商工部批准，或经公会推荐，然后由商工部会同有关部门决定进口的项目。

开放或限制主要体现在关税和非关税壁垒上面。

属于国家认可的品种，可以在关税上获得优惠。如进口生皮，不用缴交特别消费税，而进口毛皮产品则要征收

100%的特别消费税。进口玉米、高粱、大豆，如作为饲料，前两者可免征关税，后者只征税 10%；如作为工业原料，则皆征税 20%。

为了抑制一些产品的进口，韩国设立了若干种暂定关税。除了上面提到的特别消费税外，还有紧急关税、调整关税、配额关税等。后者规定，农产品进口量在 3.5 万吨以下者，征收配额税 7%，超过部分的关税则提高为 9%。同时，韩国还设置了非关税壁垒。其中有进口监视制。被指定为监视对象的商品，进口时须附有当局确认的买卖契约书，经监视机构认可。

在此政策指导下，非食用动植物原料和饲料大量进口；部分农产品在一定时期内限制进口；大米在实现自给后禁止进口。1991 年，韩国农产品的自由化率为 84.7%，属于限制进口的农产品有 273 个项目。从 1993 年起，韩国又计划分三阶段进一步开放农产品市场。除大米外，其他农产品将敞开进口。

韩国农协：保护农业市场，维护农民利益

为振兴农业，1961 年，在韩国政府的主导下，尊重农民意愿，以农民为主体，成立了全国性的农民组织“农业协同组合”（简称“农协”）。韩国农业的特点是小规模经营。韩国光复初期，农业所占比重高达 70%，生产落后，农民贫穷。农协成立后，成为真正维护农民利益的组织。

韩国农协有三大职能：一是建立购销渠道，开拓市场。二是教育普及农业技术。三是从事信贷、保险业务，向农民提供资金（农协银行）。

建立市场购销渠道，解决农民产品销售难题是农协的第一大任务。在这方面，农协采取了行之有效的“三大措施”：

第一，向农民提供迅速、准确的信息服务。农协和农产品流通公社，以当日、5日、10日、20日和30日为准，分类汇总在全国主要城市的批发、零售、竞卖价格，并向全国发布。农民可通过网络、电话、电视、广播、报纸等渠道，掌握农副产品的价格、进货量、需求等信息，并根据市场走势主动安排种植和产品上市，避免了盲目性。

第二，农协拥有自己健全的包销网络，“合同种植”和“合同上市”，让农民吃了“定心丸”。农协销售网遍布全国的所有生产区。在全国1800个生产点中，农协均设有收购、储藏、加工机构。城镇地区是农产品的主要销售区，农协在全国建有7个综合销售中心，下属约300个销售点，其中最著名的是连锁“农协超市”，消费者在那里可以购买5000种不同的农产品。健全的农协销售机构，不仅可以阻止不公平交易，保持市场价格稳定而且确保了增加消费者对农产品的购买力。为增加销售效率，农协帮助农民创造“自主”品牌，并实行产品包装、尺寸及质量的标准化。“合同种植”和“合同上市”，是确保农民抵御市场风险的法宝。农协每年要与农民签订产销合同，实施包产包销。“合同上市”，是指价格变动时采取的一种补救办法。例如，市价下跌，达不到按最低合作保障价收购时，农协则启动政府“农产品价格稳定基金”，实行供求调节，对某种产品进行就地销毁，造成的损失农户承担一半。这样一来，农民仍可获得最低合同保障的收购价格。2002 年，农协就曾对 2.47 万吨萝卜和白菜进行了产地销毁，确保了农民的利益。

第三，扩充市场，加快农产品流通速度和效率。目前，韩国拥有 32 个大型农贸批发市场。1995 年，农协出资设立子公司“农协流通”后，建起农产品批发中心 9 个、18 个大型直卖场。农民生产的蔬菜、水果及畜产品，不需其他环节，即可进入农协的销售网。“农协流通” 2004 年的销售额达 1.92 万亿韩元。

四、韩国农产品批发市场的建设

1980 年前，韩国农产品批发市场较落后，农产品由收集商收购后到规模很小的批发市场销售，差价被委托商赚取，价格不透明，信息闭塞，农民不知道价格。针对这些情况，政府为使价格公开、公正，决定由国家建设批发市场，而且批发市场实现全国联网。20 世纪 70 年代中期后，政府用世界银行贷款进行调查并着手建设。第一个建设的农产品批发市场是首尔可乐洞市场，于 1985 年开业。一年后，釜山、大田、光州等地的市场相继建成，政府计划建成 32 个公营批发市场后就不再建新的市场。

（一）韩国现代农产品批发市场的分类及分布

按是否达到政府法定要求及投资源划分，韩国批发市场可分三大类：公营批发市场、一般法定批发市场和民营批发市场。

公营批发市场：全部资金由地方政府投资建设，采取委托经营。

一般法定批发市场：政府投入部分建设资金，但要求达到国家建设标准。

民营批发市场：民间投资建设，不受国家标准的限制。韩国农产品批发市场在全国的分布比较均匀，这是因为韩国早期的建设法中规定了“一个城市建一个批发市场”的原则。

据2003年韩国农林部统计资料，韩国现有农产品批发市场51个，其中：公营批发市场29个，一般法定批发市场19个，民营批发市场3个。

（二）韩国现代农产品批发市场的流通环节

1. 上市途径。以首尔可乐洞农产品批发市场为例，该市场流通组织化程度已很高，各行业协会在市场上所起的作用举足轻重。活动于流通领域的经营者主要有三种：批发商亦称批发市场法人、中间批发商和零售商。这三种经营者中，批发市场法人起主要作用，是农产品上市的第一道经营环节。韩国水果蔬菜流通协会，简称“青果人协会”，是一个在政府与市场之间承担行业组织功能的团体。“青果人协会”是全国性组织，全韩国九个道（省）内均设有“青果人分会”。高度的组织化使各道的“青果人协会”在农产品流通领域发挥了十分重要的作用。以首尔为例，蔬菜供应量的70％掌握在青果人手中。

韩国农产品形成了这样一个流程：农民管种植，青果人负责收购和拍卖，中间商竞买后转给零售商，零售商在店铺零售，人人守分，环环相通，繁而不乱。这种批发集于市场之内，零售限于商店之中的做法，确有值得借鉴之处。韩国农产品主要通过农协等组织实现上市，这种组织化的大流通能降低流通成本，提高流通效率，保护生产者的利益，农协还渗透到了农资供应、农业金融、保险等领域，有力地促进了农业的发展。

2. 交易方式。可乐洞农产品批发市场主要采取竞卖投标决定价格，由市场代理销售。如果产品数量被认为不适合市场交易，经管理方许可，由中间批发商直接交易，也称场外交易。无论从交易量还是交易额分析，场外交易所占比例很低，不是主要交易方式。竞卖投标的方式有：举手指式、电子方式、黑板记录方式和书面投标方式等。对上市农产品，收取上市手续费交易，蔬菜水果收4%、猪牛肉收1.5%、粮谷收1.5%等。可乐洞市场的管理制度既严，又方便、先进和优惠。所谓严，是指规格标准化要求严和安全检查严。所谓方便、先进，表现为信息化程度高，竞卖结果即可通过因特网及时传送到全国各地。所谓优惠，即指对萝卜、白菜、西瓜等8种与人民日常生活密切相关的农产品，提供全额包装和物流设备利用费，免收垃圾处理费，并分配最佳竞卖区。

3. 交易人员。上市货物委托给批发市场法人，拍卖给中间批发商后分散给零售商人和消费团体。中间批发商以个人为主，如釜山批发市场；有的以公司为主，如可乐洞、九里批发市场等。市场交易人员有严格的资格限制，因此保证了批发交易秩序良好。批发市场法人收取委托交易手续费，批发市场法人必须具备商品流通专业知识、经验和经营能力。批发市场法人作为公益性法人，必须遵守“农安法”所规定的要件、买卖方法、交纳保证金、禁止拒绝委托、禁止征收手续费以外的其他费用、禁止场外经营等。

中间批发商从批发市场法人处拍卖得到农水产品后再批发给零售商或团体商。大型超市、农水产品加工企业、出口商、消费者团体等需求量较大的组织可与中间批发商一样直接从批发市场法人处拍买商品。

4. 市场管理者。韩国的农产品批发市场建设，强调保护生产者和消费者利益，采取政府投资，公职人员管理的原则。韩国批发市场的管理机构可分两类，即批发市场管理事务所或依照地方公企法，设立地方公社或公共出资法人作为管理机构。管理公社（公司）属于政府公共机关，目前的首尔可乐洞市场和九里批发市场属此类；其他批发市场的管理机构是管理事务所，成员均为地方公务员，市场规模较小。政府公职人员管理市场设施，维持交易秩序，对从业流通人员进行指导监督等，不参加市场的经营交易经济活动，也不会开展其他经营业务。

5. 市场管理内容。首尔市可乐洞农产品批发市场的管理者在农产品上市的包装、规格、标准、农药残留以及信息化等方面的管理成绩显著，值得借鉴。

农水产品在竞卖之前，对重量和内容物进行检查，当发现劣质农产品时，立即采取退货、调整中标价格、停止出货等各种处罚。为了保护消费者免受残留农药的危害，对农产品实施安全检查，当被判定为不合格产品时，禁止该产品的流通，并全部作废弃处理。

为了提高竞卖过程中的公正性和透明度，通过信息化提高批发市场的效率，逐步采用无线竞价器的电子竞卖方式替代原有的手指式竞卖方式。竞卖的结果通过可乐洞市场因特网即时传送，使上市者在家也可确认竞卖状况。

为控制垃圾发生量，促进农产品的包装上市，当白菜、大蒜、萝卜、卷心菜、大葱、洋葱等主要品种不经包装上市时，将征收罚款性质的垃圾处理费。

6. 批发市场批发与零售的关系。批发市场都采取批发和零售兼营的政策，以减少批发市场由于巨大投资带来的浪费。首尔可乐洞市场在批发与零售的时间段上加以错开，以保证良好市场秩序。

7. 批发市场间的相互关系。由于交通、信息系统发达，韩国农产品批发市场之间形成了层次分明的功能作用。全国 32 个公营批发市场，有 8 个属于广域市级的中央批发市场，其余 24 个是地方性批发市场。可乐洞中央批发市场形成的价格是全国的价格基准，对其他市场及物流中心的价格具有指导参考意义，市场之间不会发生再次转卖的现象（一些大型物流中心也会从批发市场购买一些调味料之类的小宗商品）。

（三）韩国农产品批发市场发展新趋势

1. 农产品批发市场面临的新形势。

1986 年韩国开放农产品市场。1993 年加入 WTO 对韩国国内市场冲击较大。韩国国内的消费形式也发生了变化。随着收入水平的提高，小型批发市场由于环境差、卫生差，客源越来越少。此时国家开始建设大型批发市场，大型超市也迅速发展起来，小批发市场逐渐被淘汰。1995 年后，大企业也开始热心建设物流中心，政府由注重建设批发市场转为支持建设物流中心。韩国目前有物流中心 10 个，正在建设的 7 个。目前约 50％的农产品经由批发市场流通，约 15％通过物流中心流通。

2. 农产品批发市场发展新趋势。

（1）流通方式多元化，市场竞争日趋激烈，批发市场在农产品流通中仍处主导地位。随着市场开放和农、水产品进出口的自由化，流通途径形成了以批发市场为主，物流中心、直接交易、大卖场、电子商务、电视购物（家庭购物）、车辆巡回销售等不断发展的多元化流通新形式。产品降价、新产品开发等竞争越来越激烈，经营农水产品、工业产品的批发兼零售的综合型企业迅速发展，传统的业态发生根本变化。但目前批发市场还是最有效和规模最大的流通机构，以批发市场为中心的农产品流通体系没有发生根本性改变，批发市场将在今后较长时期内仍是流通主渠道。

批发市场以其流通量大、流通效率高、品种齐全等原因对韩国这样生产者规模小而分散的国家具有重要意义。1999 年韩国耕种农户的平均土地经营规模只有 1.39 平方米。像韩国这样农业生产分散、规模小，产地商品标准化程度和集体供货程度较低的国家，提高农产品流通效率的重要途径是把分散、小规模的农产品通过一定的场所（批发市场）集中和规模化，并迅速形成价格，使产品迅速分散出去，也只有批发市场能够履行这种功能。

近年批发市场交易量基本稳定，并略有增长；而综合流通中心在短短的 3 年内从一出现就呈现出交易量迅速增长的势头；类似批发市场的交易量呈递减的趋势，3 年内交易量萎缩近 50%。这说明农产品批发市场作为流通的主渠道没变，而一些交易设施简陋、不规范的类似批发市场将被购物环境适宜、方便、货物齐全、安全卫生的综合流通中心所取代，而且在以消费者为中心的买方市场下，综合流通中心的发展空间较大。

（2）农产品批发市场自身变化新趋势。一些老的批发市场由于建设早，没有充分估计到物流量的变化和社会的发展，显得陈旧、拥挤和不堪重负。所以新建批发市场在设计时就考虑到了今后的物流量的增加，面积大，硬件先进，规划合理，辅助设施配套，改变了过去建设的批发市场设施不足、交易拥挤、流通效率低下的状况。

批发市场内部的流通环节也有减少趋势。随着大型零售业的出现和发展，物流规模在扩大，批发市场内部拍卖为主的交易方式也在发生变化，内部的交易环节有减少的趋势，从而降低交易成本、提高交易效率，以适应现代物流的变化需要。新建的首尔江西市场，在建设大型、现代化的拍卖大厅的同时，该市场还专门开辟了一个不需中间批发商的实验区，交易方式也改为对手直接交易。

批发市场的交易方式也在发生变化，在地方批发市场，拍卖交易有下降趋势。如釜山农产品批发市场，在白菜、萝卜、辣椒、大蒜、姜等农产品的交易中不通过法人拍卖，由中间商人直接出售，即采用对手交易的方式，这种交易约占市场交易量的1/3，成交金额的20%。一些大型物流中心和一些新建的批发市场也试行直接交易，期望减少交易环节。

（3）农水产品批发市场公营化。韩国政府坚持大型批发市场的公益性，大力推进批发市场的公营化，从大型批发市场的计划、布点、投资到以后的管理，全部由政府负责。具体过程是：当某地的经济与社会发展到需要建设市场时，首先由地方政府提出申请，经过中央政府主管部门认可后，中央政府责成有关部门设计市场规划方案，规划确定后，资金问题由中央和地方两级政府解决。这对控制市场总量，稳定秩序，提高农、水产品批发市场的规模和建设标准起重要作用。

（4）生产者参与批发市场流通得到加强。生产者为了确保价格形成权、供货权等，要求直接或间接地参加批发市场的经营。如作为生产者组织的农协，在批发市场开设及经营中的地位作用不断提升，农协可以作为批发市场的批发法人接受生产者委托参与拍卖活动，还可接受政府委托经营大型物流中心。韩国政府为了推动农产品贸易自由化，于 1997 年制定了《农产品流通改革具体推荐对策》。对策的重点是提高流通设施效率，主要内容有：由生产者组织产与销，实施规格化、商标化战略，推进产地、包装、市场、物流设施等的建设，保证消费者能得到自然、新鲜、安全的农产品，已引起连锁经营的大型超级市场的注意。

第八章 国际化趋势下世界农业市场的保护与开发

由于与国家安全、收入分配、社会稳定、民族文化、环境保护等许多问题直接相关，农业历来是国际经济交往中的热点问题。为了使本国农产品在国际市场中居于有利地位，长期以来，各国政府都采取了一系列措施，对农产品的进出口贸易活动进行干预。世界上第一部农业贸易保护法案可以追溯到1840年英国议会通过的《谷物法》。马克思在撰写《资本论》时就曾对这一法案进行过深入细致的研究。从19世纪末开始，农业在国际贸易中进入了全面保护主义时代。日本早在20世纪初，就已经开始对它的大米贸易实行保护。到目前为止，日本大米仍然是世界上受保护程度最高的农产品。第二次世界大战之后，欧洲大陆由于受到战争的严重破坏，经济十分萧条，数亿人口面临着饥荒威胁，粮食安全压力空前加剧。为此，在1957年欧共体成立颁布的《罗马条约》中，共同农业政策是相互合作的一项关键内容。根据这一条约的规定，入约国必须动用内部资源，采取步调一致的政策，共同解决粮食问题。

一、背景分析：战后的农业国际化趋势

第二次世界大战之后，随着世界政治格局的日趋稳定以及军事战略均衡的出现，人类社会迎来了又一个相对和

平的国际环境，各国经济迅速恢复和发展。以英国为例，其小麦产量由 1946 年的 19.9 百万公担增加到 1970 年的 41.7 百万公担，大麦产量则由 19.9 百万公担飚升至 1970 年的 74.9 百万公担。农业的发展不仅有效地改善了各国人民的生活状况，而且为飞速发展的工业提供了充足的原料。

与此同时，农业的发展也使农产品供大于求的矛盾日益突出，有限的国内市场成了农业持续发展与农民增收的障碍，贸易自由化的呼声日益高涨。在这一时期，世界农业发展最显著的特点就是，农业的商品化日益越过国界，任何一个国家或一个民族的农业活动都越来越国际化。这一国际化的趋势主要表现在以下几个方面：

1. 农产品国际贸易空前发展

尽管农产品在国际贸易中的比重随着农业在国民生产总值中的比重下降而下降，但今天农产品仍然是世界上最重要的贸易商品之一。1998 年世界农、林、渔商品虽然只占国际商品贸易总额的 14.2%，但增长速度很快。1955 年世界农产品贸易额为 423 亿美元，到 1993 年已达到 4696 亿美元。自 20 世纪 90 年代初期以来，继续呈现快速增长态势。

2. 发达国家在农产品国际贸易中占有绝对优势

目前，发达国家占世界农产品出口的 71%，进口的 75%。美国就占到了全球农产品出口额的 1/7 左右。与此同时，美国占全球农产品进口额的比重也呈现总体上升的态势，从 1990～1996 年间的 7.6%上升到 1998 年的 9.2%。至于发展中国家，从进口方面看，由于受购买力的限制，其农产品进口只占世界进口总量的 25%；从出口方面看，尽管发展中国家的农产品为主要出口商品，但只占世界农产品出口总额的29%。

3. 跨国公司在农业生产和投资中扮演着重要角色

第二次世界大战前，跨国公司在农业中主要表现为欧、美等资本主义国家在亚非拉进行的具有殖民主义色彩的种植园式的经营。战后，跨国农业公司除了继续在发展中国家进行生产、投资外，在发达国家之间的经营活动也日益增多，这反映出农业生产和投资国际化进程的加快。在从事农业经济活动的同时，跨国农业公司也陆续开展了农业以外的综合经营。此外，各种非农跨国公司也越来越多地进入农业生产领域。跨国公司经营农业生产、加工、贸易正成为世界农业较普通的经济现象。

4. 农产品贸易自由化的步伐明显加快

尽管长期以来，由于农产品在国民经济和社会发展中居于重要而特殊的地位，各国都在不同程度上实行了农业保护主义政策，但第二次世界大战后，农产品国际贸易的自由化趋势明显加快。这种趋势使得各国在农产品进出口上的竞争日益激烈，导致了各国的农业已不再是互不相关的，而是日益密切地联系在一起，表现出了农业产业全球化的特点。一国农业的丰歉和政策变动，往往对其他国家的农业产生重大的影响。

二、一把“双刃剑”：发达国家农产品市场保护的政策分析

一个国家采取什么样的农产品市场政策，主要取决于该国的经济总体实力、市场供求状况和国际规则约束等因素。由于各国不同农产品的生产比较优势不同，因此在制定和执行农产品贸易政策时，一般会根据产品情况实行差

别化的策略，以尽可能地趋利避害。但总的政策思路基本上都是奖出限进，即通过关税和非关税措施对外国农产品进口设置“门槛”，从而保护本国农产品市场，同时不遗余力地推动本国农产品外销。

从历史经验看，农业生产水平高的国家往往鼓吹自由贸易，而水平较低的国家则奉行保护主义。当今世界，国际贸易政策已经成为国际政治活动中的一个重要筹码，因此农产品贸易政策已不再是一个国家的内政，而是全球关注的国际问题。这一点突出表现为，在世界贸易组织乌拉圭回合谈判以后，各国的农产品贸易正受到多层次国际公约的制约。

（一）农产品进口政策

限制农产品进口的传统政策主要是“关税壁垒”，它具体包括以下两大手段：

一是关税。目前，关税仍然是各国限制农产品进口的主要政策措施。第二次世界大战以后，工业制成品的平均关税水平已经从 40%降低到现在的 4%，而农产品的总体关税水平却仍然停留在 40%～50%之间。

二是进口配额等。除了关税之外，进口限额制、进口许可证制、关税限额制、自动出口限额制、外汇管制等，也是各国限制进口的传统政策措施。

限制农产品进口的新型政策主要是“绿色壁垒”。20 世纪 70 年代以后，随着多边农产品贸易自由化进程的加快，传统的“关税壁垒”在 WTO 框架下受到了越来越多的限制。而以形形色色技术标准为代表的所谓“绿色壁垒”，成为发达国家限制农产品进口的新盾牌。

"绿色壁垒"具体包括"环境进口附加税"、"绿色技术标准"、"绿色环境标准"、"绿色市场准入制度"、"绿色包装制度"、"卫生检疫制度"和"绿色补贴"等政策措施。与传统的关税壁垒相比，这种壁垒更具隐蔽性，且更为苛刻。特别是对于发展中国家来说，由于本国的技术水平和管理标准上的差异，要想将农产品打入发达国家市场，已不仅是马克思所说的"惊险的一跃"，而是鲤鱼跳龙门，可望而不可即。据关贸总协定公布的材料显示，发达国家的"绿色壁垒"已从20世纪70年代末的850种增加到90年代的1000多种。以农药残留检测为例，加拿大规定了87种，日本规定了96种，美国规定了115种。许多发达国家还针对不同食品规定了不同的农药最高残留量标准，如日本规定了大米有52种，美国规定梨果类水果有128种，德国对蔬菜水果类规定了168种。

下面，我们分别介绍一下全球最大的三大经济体美、日、欧的农产品进口政策。

美国。美国政府将国内不生产或基本不生产的农产品列为非竞争性产品（1985年前称为补给性产品），将国内大量生产的农产品称为竞争性产品（1985年前称补充性产品）。过去，美国进口的农产品主要限于非竞争性农产品。目前，竞争性农产品的进口量也越来越多，所占份额越来越大，已占到进口农产品总数的六七成。由于第一次世界大战后，美国农产品进口迅速增长，贸易逆差居高不下，促使美国政府对农产品进口进行干预。

1921年，美国国会通过了紧急关税法，提高了小麦、玉米等农产品的进口税率。1922年通过福德尼—麦坎伯法，对许多国外产品提高了关税。尽管1934年以后，美国陆续同不少国家签订了贸易协定，实行互惠关税，但农产品关税依然居高不下。配额管理是美国限制农产品进口的另一种常用政策，1935 年农业调整法修正案第 22 条授权总统，在某种产品的进口影响到农业调整计划执行时，可以对该种农产品实行进口限额制度。20 世纪 80 年代后，对花生、食糖、烟草和某些奶制品一直实行配额限制，如规定每年进口的乳制品不得超过国内市场的 2%。在牛肉贸易方面，美国政府要求主要对美出口国实行“自愿限制”，否则美国也将实施进口配额。除关税与配额管理两种常用方法外，美国政府还通过贸易控制计划以及利用 WTO 的相关进口限制免除条款，对农产品的进口数量制定进口限额，从而达到保护国内农产品市场对国内农产品强力需求的目的。技术性壁垒是美国控制农产品进口常用的“撒手锏”。它主要是通过运用卫生检疫、技术标准、商品包装和标签等措施来限制进口。如美国规定，任何国家或地区输往美国的食品、饮料等都必须符合美国《联邦食品、药品及化妆品法》。进口货物在接受仪器药物管理局检验时，如不符合规定，海关有权扣留和销毁，或按规定期限退往出口国。

日本。日本是世界上最主要的农产品进口国之一。它除了对大米进口实行超高关税外，为了保护本国生产者的利益，还对其他农产品进行极其严格的边境保护。如对超过一定限量进口的奶酪按价征收 35%的税。对没有饲料加工厂契约进口的玉米每公斤征收 15 日元的特别税，每公斤高粱征收 5%的税，进口混合饲料则征税 15%。日本政府对农产品进口管理还实行进口许可制度。政府或半政府的贸易垄断机构控制了农产品的进口。如农林水产省的食品局控制了稻米、小麦和大麦的进口，畜牧业发展公司控制了牛肉、黄油、奶粉的进口，日本烟草公司控制了烟叶的进口。除采取进口限额和关税外，日本政府也采取了不少“绿色壁垒”政策。如联合国粮农组织（FAO）的国际食品规格允许使用的不少添加物在日本是不允许的。再如，日本政府规定所有进口的橘汁必须至少掺和40%的国产红橘汁后才能在国内市场上销售。

欧盟。欧盟对农产品进口的限制主要表现在实行进口撇油关税。撇油关税的基本含义是，欧盟对其以外的第三国农产品制定“门槛价格”，即限定第三国农产品进入欧盟港口时的最低进口价，如果第三国农产品的到岸价格低于门槛价格，就征收这两种价格之间的差价税，即“撇油关税”。它实质上是对进口农产品所征收的一种调节关税，使得世界市场的农产品无法以低于门槛价格的水平进入欧盟内部市场，以保护欧盟内部的农产品贸易，保护其成员国农民免受进口农产品的竞争压力。这种基准价格（“门槛价格”）制度是世界贸易组织所认可的。它使进口国即使进口了便宜的国外农产品，与基准价格之间的差额部分也会被以关税的方式征收去。当然，在国际社会贸易自由化呼声日益高涨的今天，这一政策的运用将会受到越来越多的限制。

近年来，欧盟又进一步加强了“绿色壁垒”。2001年11月，中国刚刚踏进世贸组织的大门，欧盟将进口中国茶叶的关税下降了几倍，似乎给中国送了一份厚礼。但世上没有免费的午餐。此后不久，欧盟对中国出口茶叶的检验项目由原来的6项猛增至62项。显然这不可能是一个技术性的变动，而完全是一种替代关税的新壁垒。事实上，在此前两年起，由于欧盟对中国出口茶叶“农药残留超标”的过分关注，已使中国对欧茶叶出口减少了37%以上。更有甚者，除了拒人于千里之外，还提出索赔。2002 年初，中国江南某地著名的出口冻虾仁突然遭到欧洲传统贸易伙伴的退货和索赔，理由之小已经无法用吹毛求疵一词来形容：这批中国虾仁被检出含有 0.2/10 亿的氯霉素。但是，农产品贸易保护政策是一把“双刃剑”。它在有效地保护本国农业的同时，也使国内消费者付出了昂贵的代价。例如，欧盟的羊肉、黄油、食糖的价格是国际市场价格的两倍以上。

（二）发达国家的农产品出口政策

在现代国际分工体系中，任何国家都十分重视出口贸易，许多国家甚至将国民经济的基础建立在出口上。对于发达国家，农产品出口是他们解决国内农产品生产过剩矛盾的基本渠道，许多国家的农产品供需平衡都依赖于国际贸易，农产品出口占其农业生产总值的比例还相当高。因此，各国对农产品出口采取了从补贴到退税等一系列的扶持政策。美国的农产品出口额占其农产品销售总额（不含政府直接补贴）的比重平均为 20％～30％之间。

从总体上看，各国农业贸易保护政策的作用范围主要是农产品国际市场，其适用及受益对象基本上是本国的农产品出口经销商。农业贸易保护政策的目标是维持并提高本国农产品在国际农产品市场上的竞争能力和市场占有份额，使国际市场成为本国农产品余缺平衡的调节器，最终目标是要维持并促进其整体农业生产能力。下面，我们主要介绍一下美国的农产品出口政策。

1. 出口农产品价格补贴

美国农业部制定了对某一国家或地区的一定数量的出

口产品的目标价格，出口商进行竞争报价，政府农业部门通过评估选定出口商，并签订合同。当出口商在规定的时间内完成了预定的出口计划，政府补贴目标价格与竞争价格的差额。如1985年《粮食保障法》规定，补贴10亿美元用于增加美国谷物的出口。据联合国统计数据，美国在20世纪80年代对小麦的出口补贴率为5.4%，水稻为30%，烟草为23%。

目前，世界上有实力进行农产品贸易补贴的主要是发达国家。经合组织（OECD）国家政府每年向本国农业部门提供的支付都大大超过非洲各国的GDP总值。而美国、欧洲及日本对本国（地区）农业的支持占到了世界总额的80%左右。

2. 采取外币销售和易货贸易

美国政府根据《480号公法》（1954年的农业贸易发展和援助法，于1966年和1968年经修正后，被称为粮食用于和平计划）第一章“以外币销售”的规定，政府有权同“友好国家”商讨和执行以外币销售农产品的协议，也可运送农产品到海外做救援物资或进行易货贸易。这样，美国政府把减少农产品信贷公司的库存同开拓国外市场和推行对外政策结合在一起。向第三世界国家赠送剩余农产品或者向那里低价销售，换取当地货币转作援助资金或美国驻那里的官方机构的开支。美国20世纪60年代的粮食出口几乎有40%是通过《480号公法》进行的。到“冷战”结束前夕的1988年，美国通过这种方式输送了15亿美元的商品到海外。

《480号公法》也是美国政府外交政策的重要工具。为了维护本国特殊集团的利益，《480号公法》对一些第三世界国家的农业和经济也产生了许多不良影响。在整个 20 世纪，美国都十分善于运用农产品出口来获取政治、经济和军事利益。“小麦赢得战争”，是第一次世界大战中美国的重要战略方针之一。在战时和战后长期领导美国粮食援助的赫伯特·胡佛说，没有美国发运的粮食，“盟国可能会崩溃，因为德国潜艇的袭击使它们几乎断粮，而很多国家就可能被无政府主义和共产主义的火焰所吞没”。《480 号公法》出台后，美国更是娴熟地运用粮食出口政策武器，加强对缺粮国的控制。美国粮食政策的实质是：粮食是一种真正的政治货币，是防止共产党人获取政治利益的堡垒。从 20 世纪美国粮食贸易的历史来看，粮食援助一直是美国政府在国际上攫取其政治、经济和军事利益的有力工具。1971 年，美国以从美国购进粮食为条件，向韩国提供购买食品的贷款，迫使韩国政府秘密同意减少向美国的纺织品出口。同年，美国向葡萄牙提供同类贷款购买美国粮食，获准了延长亚速尔群岛美军基地的使用权。1974 年，孟加拉国按美国意图停止向古巴出口黄麻后，获得了美国粮食贷款的奖赏。相反的是，马克思主义者萨尔瓦多·阿连德在 20 世纪 70 年代当选为智利总统后，美国通过停止粮食援助，加剧其国内粮食短缺，引发军事政变，使阿连德政府很快被推翻。而新的军政府一上台之后的两周，美国就宣布向其贷款，使之购买 12 万吨小麦，最终使智利与当时的伊朗、东南亚国家一样成为美国的“粮食保护领地”。

3. 采取政府服务措施

美国农业部制定了一整套的本国农产品促销计划，主要是通过采取广告宣传、信息服务、贸易服务以及技术援助等非价格手段开发国际农产品市场，增加其他国家对美国农产品的需求。1990 年的美国《食物、农业、资源保护和贸易法》规定，联邦政府要为执行出口扩大计划拨出 5 亿美元以上的专款。同时，为完成市场促进计划，促进农产品的国际推销，政府应拨出 2 亿美元以上的资金。该计划针对的是那些执行不公平贸易措施的国家和地区。

4. 提供信贷扶持

1953 年，美国联邦政府成立了农产品外销局，该机构最重要的工作就是开发农产品市场。为此，农产品外销局与有关行业团体、协会合作，并给予资金支持，以充分调动他们销售农产品的积极性。美国政府通过为美国的出口商提供信贷担保，而增加美国农产品销售机会。美国出口商在进行农产品国际销售时，往往需要对进口国的进口商提供商业信贷，以促进美国农产品的出口规模。但是这种商业信贷由于各种原因存在着较大的风险，因此出口商在提供这种商业信贷时需要有人为其提供担保。为了增加美国农产品的出口机会，美国政府特别为该种信贷提供其信贷总额 98%的担保。20 世纪 80 年代以来，为了迫使其他出口国（尤其是欧共体）减少出口补贴，美国政府开始采用“混合贷款”和特殊补贴的办法来扩大出口。所谓“混合贷款”就是把无息政府贷款同有政府担保（或无担保）的商业贷款“混合”提供给买主。仅在 1981～1983 年 3 年间，该项贷款金额就由 15 亿美元增加到 48.7 亿美元。亚洲金融危机爆发后，一些国家外汇紧缺，美国农业部决定分别向韩国、泰国等东盟六国各提供 10 亿美元信贷保证，用于购买美国农产品。

5. 综合运用政治、经济手段

这一方面的主要目的是迫使其他国家降低农产品贸易

壁垒。最典型的如美国凭借其农业比较优势，利用双边或多边贸易谈判，签订协议，频频向其他国家施压，以期对方降低关税，开放市场。在乌拉圭回合谈判中，美国承诺，从 1995 年起的 6 年内，削减大米、小麦、玉米、油料、棉花、食糖等关税，同时设定了受补贴农产品的出口数量和出口补贴预算支出的上限。

除此以外，美国政府农产品贸易保护政策中还有一项特殊的内容，这就是食品援助计划。出于政治和经济的目的，美国长期以来对发展中国家提供各种不同性质的经济援助，其中食品援助是其经济援助的一个主要内容。由于美国的经济援助总是带有各种附带条件的，所以这种援助在很大程度上仍然是“有偿”的。既然提供经济援助是必要的，那么提供食品援助就是一种最合理的选择：一方面大多数发展中国家普遍面临着食品短缺的困境，食品援助极受欢迎；另一方面，美国农产品剩余的矛盾也得到了极大的缓解，客观上又收到了保护农业的最佳效果。真可谓一箭双雕，皆大欢喜。

三、国家利益的较量：国际经济交往中的农产品贸易战

国际关系中的许多故事说到底，都是出于对“国家利益”趋利避害的低级生物性本能。在世界秩序不健全的年代，人们往往将这一诉求毫不掩饰地通过武力来实现。今天，尽管大国间剑拔弩张，甚至地区性冲突不断，但总的来说，世界变得更为理性，更有克制力。当然，这归根结底，还是由于国际间的战略均衡，但是，国际间在另一领域的厮杀却从来没有休止，这就是国际贸易。无论是过去

的战争盟友，还是殖民地与宗主国，为了市场睚眦必报，甚至混战一场。由于农产品生产结构的雷同和供给的总量过剩，各国在农产品贸易中的争夺几近白热化。

20世纪国际贸易政策的演变，是从重商主义的保护贸易政策到自由贸易政策再到超保护贸易政策的过程。20世纪80年代，由于世界市场农产品逐渐出现供过于求的形势，农产品国际贸易问题越来越严重。出口国一直努力增加生产，而进口国为了提高粮食自给率采取了种种贸易保护政策。最典型的是欧盟，它们一直是农产品进口国，20世纪80年代以来，为了缓解库存压力，卖掉多余的农产品，它们以低于国际价格出口农产品，然后加以补贴。受影响最大的是美国。美元升值，美国农产品出口大幅度减少。为此，1985年美国制定了《农业法》。由于美国国内农产品价格高于国际市场价格，美国政府制定了“加强出口计划”(EEP)，对农产品出口进行补贴，其目标就是要夺回在北非的小麦市场。70多亿补贴中小麦补贴占52亿，美国小麦出口有一半以上是享受补贴的。欧盟则针锋相对，以增加出口补贴等手段相对抗。欧盟和美国的“降价大战”，更加剧了世界粮食过剩的势头。澳大利亚、加拿大等国也被卷了进去，从而引发了一场更为激烈的农产品降价大战。

（一）发达国家之间的农产品贸易战

冷战结束后，美国和欧盟这对政治和经济盟友之间为争夺经济利益而爆发的贸易冲突日益频繁。双方在许多产品的贸易摩擦中尖锐对峙，各不相让。农产品问题一直是美欧贸易冲突的重点，目前双方在香蕉、牛肉、转基因食品等产品方面争斗激烈。

1. 香蕉战

欧盟是世界上最大的香蕉消费市场，年均进口香蕉400万吨，零售总价值约50亿美元，利润高达10亿美元。从1993年起，欧盟实行了一套有利于其成员国从非洲、加勒比和太平洋地区的前殖民地国家进口香蕉的配额制度。美国认为，这一做法损害了在拉美地区拥有香蕉种植园的美国跨国公司的利益。因为欧盟市场上70%以上的香蕉来自拉丁美洲国家，而这些国家的香蕉出口是由两家美国跨国公司控制的。仅其中的奇迹达公司（CHIQUITA）在1992年末就占了欧盟香蕉市场份额的40%。而在欧盟新制度执行后，这一份额将下降到不足20%。

为此，1996年，美国联合拉美一些国家，将欧盟告到了世界贸易组织，并于1997年胜诉。但欧盟也没有按世贸组织的要求修改其香蕉进口政策，只是在1998年10月公布了一个新制度敷衍了事。美国也没有善罢甘休，认为这一制度仍然带有严重的“歧视性色彩”，要求欧盟继续纠正，并且开出一个庞大的清单，扬言欧盟如屡教不改，就对其实行制裁：从1999年起，对来自欧盟的商品，包括塑料包装材料、糕点、电池、贺卡、开司米毛衣、手袋、咖啡和猪肉等征收100%的报复性关税，年制裁额约为5.2亿美元。这一数额相当于美国奇迹达、都乐、戴尔蒙特三家公司所声称的因欧盟双重政策标准造成的损失。

2. 牛肉战

美欧在牛肉贸易方面的争端历史比香蕉争端更长。欧盟于 15 年前开始禁止进口所有用生长激素喂养的活牲畜及其加工产品，使得美国对欧盟的牛肉出口受到严重影响。美国认为，欧盟的禁令缺乏科学依据，因而坚决反对。1998 年，世贸组织裁定欧盟的进口禁令非法，但欧盟对世贸组织的裁决置之不理。美国于是宣布对来自欧盟的 1.17 亿美元农产品征收 100％的关税。尽管如此，欧盟连美国提出的在含激素牛肉包装上加贴标签的建议都拒不接受。

3. 转基因食品战

在转基因食品方面，迫于公众的压力，欧盟以安全为由禁止进口美国的玉米，使美国出口商每年蒙受约两亿美元的损失。美国是种植转基因农作物最多的国家，尤其是玉米和大豆使用的转基因种子最多。美国已要求其出口商出示他们向欧盟出口的玉米并非转基因产品的证明，但欧盟则只认自己的检验标准。1999 年 7 月 17 日，欧盟环境部长们决定无限期延长对转基因农产品的进口禁令。

（二）发达国家与发展中国家之间的贸易战

《建立世界贸易组织的马拉喀什协议》的前言指出，世贸组织各成员“进一步承认有必要做出积极的努力，以确保发展中国家尤其是最不发达国家，在国际贸易增长中获得与其经济相应的份额”。

然而，在发达国家为农产品贸易吵得不亦乐乎的同时，发展中国家和发达国家之间的农产品贸易“南北之争”也声浪迭起。包括世界银行主席沃夫森在内的许多有识之士都认为，国际贸易应当在减少世界贫困人口上发挥更有效的作用。

尽管农业贸易在全球货品贸易中占了不到10%的比例，但是某些国家的农业保护主义让全世界都付出了昂贵的代价。2000年，经济与合作发展组织的成员国给予本国农业的补贴仍然高达3000亿美元。在农业上的保护主义和大量补贴已经导致全球农产品的低价格畸形发展。世界银行环境和社会可持续发展方面的副主席伊万·约翰逊强调："尤其是发展中国家在被扭曲的农业贸易中受到严重伤害。没有自由贸易准入许可的国家很难提高农产品的贸易水平，拥有自由贸易准入许可的国家又因为农产品价格过低而不能获得合理回报。"

世界银行2001年夏的一份调查报告表明，如果最不发达国家能够取得面向美国、欧洲、加拿大和日本的自由贸易准入，这些国家的净出口将能提高11%。另外，据估计，若富国减少对本国农产品的补贴，从而改变价格扭曲的状况，则穷国从贸易增加中获得的收益将3倍于它们每年得到的国际援助总额。由于世界上70%的贫困人口从事农业生产，世界贸易改革和全球化进程以怎样的方式影响农业发展，对减少贫困起着至关重要的作用。

当今的世界贸易已不仅仅是指关税和贸易限额，它已经开始涉及投资、竞争原则、环境、发展、健康和劳动标准等各个方面。在乌拉圭回合贸易谈判上，在农业贸易问题上虽然已取得明显共识，但还远远不够。在这样的情况下，世界银行向包括国际组织和跨国集团在内的各个方面提出强烈呼吁，新的全球贸易建构必须真正反映发展中国家的利益。下一轮贸易和谈必须是"公平的"，更加注重发展中国家在贸易谈判中的真正需要；贫穷国家的农产品市场准入水平应得到提高；发展中国家的农业在得到国际援助和技术帮助的同时，能够在优先发展的前提下获得更大的弹性；更加重要的是，应扩大发展中国家的贸易总量，建立与资源投资紧密联系的贸易容量以获得长期的收益；跨国集团和机构也必须为社会的可持续发展作出努力。

（三）农产品贸易政策协调与谈判机构

当今世界，各国利益冲突的最终解决已经不再单纯地依靠武力，谈判桌上的唇枪舌剑已经成为解决各类国际争端的通行办法。因此，农产品的贸易战到了最后，也还是得回到谈判桌前，通过耐心的讨价还价和纵横捭阖，实现各方利益新的均衡。在这种情况下，各国政府都十分注重农产品贸易政策的制定和谈判机构的建设。

在美国，直接参与和制定农业贸易政策的机构包括商务部、财政部、农业部、国务院等，但最重要的是美国贸易代表办公室。

贸易谈判代表作为内阁成员，是总统的首席贸易与投资政策顾问、谈判代表和发言人。贸易代表办公室具体承担着制定和协调美国的国际贸易、商品与直接投资政策，领导和指导与别国的谈判等具体事务。其运作机制是通过两个下属机构实现跨部门的贸易政策协调，贸易政策评估小组（Trade Policy Review Group）和贸易政策工作委员会（Trade Policy Staff Committee）。这两个机构由联邦政府的 17 个相关部门组成。

作为具体的办事机构，贸易政策工作委员会设有 60 个专业委员会，由它们对贸易和投资政策进行评估和协调。如果不能达成一致，或者是重大政策问题，则需要提交贸易政策评估小组研究。最终要提交在总统直接领导下的国家经济委员会（National Economic Council）进行最高层次的贸易政策协调。这一关通过以后，就可以上达国会。

在贸易政策制定过程中，美国政府十分注重吸取私营部门的意见。1974年通过的《贸易法案》则更进一步将其作为一种协调制度确立下来。这一制度在此后的肯尼迪回合、乌拉圭回合及WTO等多边贸易谈判和双边谈判中都发挥了十分重要的作用。其运作机制是通过私营部门的咨询制度对美国政府就贸易谈判提供决策咨询、帮助监督贸易协议实施以及为贸易政策制定提供建议等。这一制度也包括三个层次。最低层次由30多个技术咨询委员会组成，具体负责提供专业技术方面的咨询建议。其中涉及农业技术的有5个，分别提供动物及动物产品、水果与蔬菜、粮食、饲料及油料、烟草、棉花及花生、糖料及其产品方面的技术信息和建议。第二个层次是7个政策咨询委员会，负责特定部门和领域的工作。其中的农业咨询委员会负责所有农产品贸易政策的咨询。最高层次是由总统直接任命的由45名成员组成的“贸易政策和谈判咨询委员会”（The Advisory Committee on Trade Policy and Negotiation）。

农业咨询委员会和5个农业技术咨询委员会由具备领导才能的专家组成，由农业部长和贸易代表任命，任期为两年。这些委员会一般每年要在华盛顿召开三次秘密会议，就农业贸易问题进行讨论。其报告对政府的决策具有十分重要的参考作用。

四、WTO的作用：各国农产品贸易政策的调整

国际农业贸易冲突的不断升级，严重扭曲了国际农产

品市场，造成农产品结构严重失衡和过量生产，同时也增加了发达国家的政府、消费者及纳税者的负担，对发达国家的宏观经济也产生了严重的不利影响。在这种情况下，各个国家和地区逐步意识到贸易利益及各国间贸易政策协调的重要性，开始在国际贸易领域进行各种类型的合作，并在此基础上形成不同形式的国际贸易集团和组织。

第二次世界大战后期，世界经济秩序的重建成为各国政府共同面临的重要问题。当时召开了两个重要会议，最终成立了三个影响深远的国际经济组织。一是1944年7月召开的布雷顿森林会议，成立了世界银行和国际货币基金组织；二是1946年初召开的联合国贸易与就业会议，成立了关税与贸易总协定。1995年，关贸总协定完成其历史使命，正式过渡为世界贸易组织（WTO）。

目前，在世界范围的经济贸易组织中，世界贸易组织无疑是最具影响力的。世界贸易组织及其前身关税与贸易总协定的建立，本身就是国际贸易领域自由主义对保护主义的重大胜利。它所达成的一系列协议成为国际贸易的一般性游戏规则，对各国贸易政策产生了深刻的影响。

受整个国际市场贸易冲突的影响，农业贸易自由化在1986年开始的关贸总协定乌拉圭回合谈判才开始作为议题正式提出来，由此可以看出农业自由化与国家的经济利益、政治利益密切相关。美国农产品具有很强的国际竞争力，其出口直接服务于国内的农产品供求平衡，因此美国积极鼓吹贸易自由化。但欧盟和日本等国的农产品比较优势很弱，甚至根本就不具备这种优势，开放市场不利于其稳定国内的农业和市场，所以他们坚持采取保护政策。

由于世界上主要国家的利益分歧，国际农业贸易自由化的步伐非常缓慢，矛盾的焦点是美欧在农业补贴政策上的分歧。但是，谈判桌上的唇枪舌剑总比贸易摩擦中的互相拆台好得多。

1993年，历时7年的乌拉圭回合第八轮全球多边贸易谈判终于达成了《乌拉圭回合农业协议》（下称《农业协议》），这一协议成为今天世界贸易组织规范国际农产品贸易及相关国内政策的重要文件。该协议以建立“公平、公正、以市场为导向”的农产品贸易体制为前提，以推动农产品贸易自由化为宗旨，从产品范围、市场准入、国内支持承诺、出口竞争承诺、出口禁止和限制、特殊与差别待遇等13个方面作了详细的界定，形成较为严密的规范体系。

《农业协议》是农产品贸易领域自由化的重要行动纲领。农产品贸易的自由化意味着逐步开放农产品市场，如果一国设立的关税妨碍进口，就要降低关税；如果一国用的是复杂的非关税措施来限制农产品进口，就必须全部取消，要么转化为世贸组织所允许的关税，也就是关税化，要么实行关税配额管理，用新的关税配额管理来调整该国的进口政策。具体来说，《农业协议》主要涉及四个领域的改革，即市场准入、出口补贴、国内支持和动植物卫生检疫。

WTO农业保护的基本框架包括三个主要方面：

一是关于市场准入。（1）关税减让基期为1986～1988年，实施年限为6年（发展中国家为10年）。（2）对所有农产品关税进行约束，并在6年内将农产品进口关税在基期平均水平的基础上平均降低36%，每个税目最低不得少于15%。发展中国家按发达国家降税幅度的2/3执行，即平均降幅不少于24%，每个税目的降幅不少于10%。(3) 取消所有农产品的非关税措施。按照规定的换算方法，将非关税措施转换为关税，即关税化。(4) 保证关税化后市场准入机会不低于规定基期国内消费量的3%，在减让期结束时应扩大到5%。(5) 最低市场准入的实施通过关税额来进行，即为确保能满足最低准入机会，最低准入的进口数量应享受较低的或最低的关税，而超过该进口量的任何进口都应征收关税化后的关税。

二是关于国内支持。(1) 国内支持减让的对象是指除属于"绿箱"政策外的其他支持政策，其范围包括：价格支持、营销贷款、面积补贴、牲畜数量补贴、种子化肥及灌溉等投入补贴，某些有补贴的贷款计划等。(2) 国内支持总量 (AMS)，即上述减让范围内所有对农业生产的补贴，减让的临界点为基期 1986～1988 年平均年农业生产总值的 5% (发展中国家为 10%)，若国内支持总量不超过农业生产总值的 5%，就无须削减其国内支持。(3) 发达国家要在 6 年内将超过农业生产总值 5%的国内支持总量削减 20%，发展中国家按发达国家的 2/3 比例削减。

三是关于出口竞争。(1) 列入减让承诺的出口补贴措施范围包括：因农产品出口而实施的直接补贴，以低于国内价格销售或处置政府库存，资助生产者的出口补贴、市场营销补贴、交通运输补贴，根据农产品纳入出口产品范围而定的补贴。(2) 6 年内将出口补贴的预算开支削减 36%，将有补贴的农产品出口数量削减 21%。

总的来说，WTO 农业保护规则的核心是对能引起贸易扭曲的政府政策都进行严格的限制，以实现农产品贸易的自由化和平等竞争。

WTO 协议是约束一国政府的贸易政策或行政活动的法律规则。世界贸易组织秘书处认为："世界贸易组织是世界上唯一处理国与国之间贸易规则的国际组织，其核心是《WTO 协议》。这些协议是世界上大多数贸易国通过谈判签署的，为国际商业活动提供了基本的法律规则，其本质是契约，约束各国政府将其贸易政策限制在协定的范围内。"

根据 WTO 的规则，各国先后采取措施对本国的农产品贸易政策进行了调整。长期以来，日本采取了严厉的限制进口数量的外贸政策。但日本又是主要的农产品短缺国家，在美国、欧盟、澳大利亚等国的压力下，不得不减少控制进口的农产品种类或降低关税。关贸总协定乌拉圭回合谈判后，日本对农产品进出口政策作了调整。一是实行大米"关税化的特例措施"，1995 年至 2000 年大米不用完全关税化，即把大米关税化推迟了 6 年，作为补偿，增加大米进口配额，最低准入量从 1995 年国内消费量的 4%增加到 2000 年的 8%。二是除大米外，限制进口的农产品全部关税化，小麦、大麦、部分乳制品、生丝仍然由国家控制，其余的进行民间贸易，实行关税配额制。三是在实施乌拉圭回合《农业协议》的 6 年内，日本的一般关税要平均下调 36%，单项品目关税至少下调 15%。

此外，日本还大幅度修改了本国的农业政策。1995 年实行新的《粮食法》(减少政府管制的大米流通份额，允许第一年国内消费量 4%、5 年后达到 8%的大米进口等)，1997 年出台大米流通法，1999 年颁布新的农业基本法及农业改革方案。2000 年提出日本政府在下一轮 WTO 农业谈判方案。这一系列的改革措施，突出了日本对自身粮食安全的重视和在人多地少的传统农业国家里农业具有贸易之外的多种功能的认识。在逐步减少对粮食的直接价格补贴的同时，加大对养护农业资源环境、培养农业人才、农民对基础设施投入、农民调整种植结构的财政支持力度，以保持日本农业的持续发展。如日本农民建立或改造农业生产设施，可以从政府获得其投资额65％～85％的财政补贴，其余部分还可以贷款。

欧盟在乌拉圭回合谈判中也承诺调整其进出口政策，将玉米进口差价税变成关税并削减税率。削减受补贴的小麦、饲料谷物的出口数量及出口补贴的预算开支。

在乌拉圭回合谈判中，美国也承诺，从1995年起的6年内，削减大米、小麦、玉米、油料、棉花、食糖等关税，同时设定受补贴农产品出口数量和出口补贴预算支出的上限。

五、WTO规则与贸易争端的解决机制

按照WTO透明度原则的要求，任何一国执行新的贸易法规都必须是透明的。首先，全部的贸易规则是公开的，是人人都可以得到的；其次，这些贸易规则是明确无误的，不是含糊的或模棱两可的；再次，这些规则具有一定的稳定性，不是随意变化的；第四，如果需要改变贸易规则，必须事先通告各成员，使其有所准备。其目的是为了保证国际贸易和投资的公平性。根据这一规则，各国不能在遇到问题时，才突然披露本国的规定，以打击贸易对手。各国政府都必须公开其国内政策和做法，以通知各成员国。WTO的贸易政策审议机制还要对各国的贸易政策进行定期监督。通过执行透明度原则，世界贸易组织框架内的贸易争端在很大程度上可以得到预警和避免。

世界贸易组织“关于争端解决的规则与程序的谅解”指出：“世贸组织的争端解决制度是保障多边贸易体制的可靠性和可预见性的核心因素。”为此，各成员承诺，不应采取单边行动以对抗其发现的违反世贸规则的事件，而应在多边争端解决制度下寻求帮助，并遵守其规则与裁决。为此，世贸组织建立了贸易争端解决机制，详细地规定了贸易争端解决所应遵守的程序和时间表，以促进成员之间的纠纷获得公平、有效的解决，使受到不公平贸易措施侵害的一方可以获得相应的补偿，或采取适当的报复措施。

WTO的争端解决机制为成员之间的贸易纠纷提供了解决程序和方式。但一般情况下，完成这一程序大约需要两年时间。1995～2001年间，世界贸易组织受理了202件贸易纠纷，其中涉及美国的有53件。据美国贸易代表处的听证材料显示，53件中已有28件有定论，其余25件中有13件正在接受WTO专家组处理，其他12件已经处理完毕。在已经结束的28件中，美国没有启用专家组程序而获胜的有12件，启用专家组程序获胜的有13件，失败的仅有3件。在这28件贸易纠纷中涉及农产品的有10件，美国均获得胜利。通过积极利用WTO贸易争端解决机制，各国不仅最大限度地保护了本国农业和农民的商业利益，而且也更为有效地参与到国际农产品贸易中去。

对于农产品贸易来说，执行《动植物检疫协议》(SPS)具有特殊重要的意义。美国曾就保证《动植物检疫协议》的透明性多次向WTO提出建议，如对WTO透明度程序实行统一管理、事先告知成员国拟采用的动植物检疫措施、采用国际标准和对风险进行科学评估等。为了尽可能地保障其农产品出口不会遭遇非贸易壁垒，美国政府通过建立询问站（Enquiry Point）和通知机构等，加强相关研究和协调，以最大限度地保护本国利益。

贸易政策调整的一个案例：韩国

韩国于1967年3月正式加入关贸总协定。1994年4月，乌拉圭回合贸易谈判中的农业协议签署后，韩国农业面临废除或削减农产品非贸易关税、全面开放农产品市场的严重挑战。

1995年1月1日，世界贸易组织正式取代关贸总协定，韩国成为其创始会员国。

韩国农产品自给率一直较低，而且没有摆脱小农经济结构，大部分农产品的价格比国际市场价格高2～3倍。为保护本国农民利益，促进农业生产的发展，长期以来韩国实行进口限制政策，主要农产品只有获得农业部许可证才能进口，只有当国内农产品不能满足需要时，农业部才发放许可证。但是，根据韩国加入WTO的有关议定书，它必须在以下几方面调整其农业贸易政策：一是必须将非关税壁垒转换为关税。即不允许执行关于农产品进口的禁止措施，取消诸如配额、浮动关税、最低进口价格限制以及各类限制性协议等非关税壁垒措施，代之以从价税和从量税。二是削减关税。在1995年以后，10年内平均削减36%的关税，最低每项削减15%。三是建立最低市场准入。对进行关税化的商品保持目前的进口准入量，在进口不足国内消费量的3%时，则应建立最低进口准入机会，即1995年进口准入量应占基期国内消费的3%，在1995～2000年内应增加到5%。四是削减对国内农产品的支持。1995 年以后，6 年内削减 20%的支持总量。五是减少农产品出口补贴。6 年内，将有补贴的农产品出口数量减少 21%，出口补贴预算开支削减 36%。六是其他例外措施。在 10 年内保留大米关税化，10 年之后再协议是否保留关税化的问题，最低市场准入 1995 年 1%，5 年后 2%，10 年后 4%。如何做到既认真执行上述承诺，又最大限度地保护本国农民的利益，韩国政府确实费了一番苦心，在进口政策和出口政策方面采取了一系列的措施。

进口政策的调整

在 WTO 体制下，农产品贸易自由化是一个较长的过程。如何充分合理地运用有关条款所认可的措施，尽可能对本国农产品给予支持，不仅反映了一国政策制定的水平和技术，而且也对本国在今后国际竞争中的地位有着重要的影响。事实上，有些国家在接受 WTO 规则后，农产品国际贸易还向着有利于本国的方向发展。在这方面，韩国是一个典型的例子。1995 年起，韩国开始推行农产品市场开放，但这并不是在毫无保障措施的情况下进行的。韩国政府采取了同国内外价格差异相适应的高率关税及特别紧急关税等适当的保护措施。加上此前通过韩国政府努力，农产品的竞争力得到了一定程度的提高，因此，农产品进口增长率由 1995 年的 21.1%下降到 1996 年的 13%，进口开放给国内造成的影响并不大。但是，根据 WTO 开放协议，曾经在进口方面受限制的品种在农产品开放日程中逐年自由化。因此，对一部分竞争力较弱的品种来说，适当的进口管理和结构调整就变得势在必行。比如，韩国政府对原产地标志的实施强化。为了防止将低价的进口农产品伪装成国产品的行为，应该标志进口品、国产品和加工产品的原产地。严格取缔未标记原产地或伪装标记原产地及伪装销售的行为，以确保进口农产品的国内流通秩序及差别化。另外，政府及时把握WTO体制出台后自由进口商品种类的进口动向。对于进口急增的商品应调整关税或采取产业救济申请等切实的措施。在开放体制下，通过积极的进口管理来有效地保护国内农业及相关产业。

出口政策的调整

（1）确立农产品出口支援体制。农产品支援体制应该在适当的时候，及时向农民和农产品出口公司提供有关生产、价格、进口、出口等统计资料及海外市场动向、海外饮食习惯等具体的消息，并且还能够提供咨询、中介、交易介绍等服务。除此之外，还可以提供排除价格上升风险的出口保险制度（保险额比例是价格上升风险的1%）以及从政府的立场解决在检疫、检查等过程中发生的各种问题。

（2）建设农产品出口专门基地。为了能及时生产质优价廉的农产品，政府努力建设一个集农产品品种选择、栽培、生产设施及分类、包装、加工设施等一系列管理和支援于一身的“农产品出口专门基地（出口农团）”，使它成为一个提供海外农产品信息、海外市场开拓情况及管理生产出口情况的专门基地。

（3）通过物流标准化来促进流通先进化。政府选定农产品的品种、规格、等级、包装单位、运送方式等有关出口物流的标准样品，并且提供标准货板、包装器材、分别器、运送手段等物流设施来促进农产品流通的先进化。

（4）海外市场开拓活动的强化。包括参加国际农产品博览会，强化海外宣传活动，派遣专门售货员到海外开拓市场，开发出口商品的包装样式，建立农产品综合信息网，建立与农产品出口有关的援助体制。

由于韩国政府为促进出口进行了不懈的努力，积极开发技术，提高竞争力，开拓市场，1990 年以后处于停滞状态的韩国农产品的出口，从 1995 年开始出现上升趋势。在出口量有所上升的同时，出口产品种类也从 1992 年的 607 个增加到 1996 年的 851 个，出口对象国从 27 个增加到 142 个，从而实现了出口产品种类和出口对象国家的多样化。

国内政策的调整

韩国对农产品进出口政策的调整自然不能怠慢，因为稍不留神就可能直接伤害别国的利益，甚至引发不必要的贸易争端。事实上，国内农业政策的调整也不能拖延，别国和世贸组织也在密切关注着。世界贸易组织建立了一个贸易政策审议机制，使得任何成员均有权审议其他成员的经贸政策与措施，了解其政策走向。接受世贸组织审议的期限由世贸组织成员在世界贸易中所占份额而定。最大的 3 个贸易国（美国、日本和加拿大）和欧盟每两年接受审议一次，从第 5 到第 20 的成员每 4 年接受审议一次，其他成员每 6 年或长于6年接受审议一次。在审议过程中，被审议成员的经贸政策、措施等都要公开接受检查。在这种情况下，各国的国内农业政策就不再是一个内部问题。因此，WTO的规则客观上造成了国内政策国际化，国际规则国内化。每个成员都必须对其国内政策进行必要的调整。

1995年以来，韩国政府为应对入世的冲击，还采取了一系列符合世贸组织规则要求的政策措施，合法保护本国农业，保证农民的收入。其核心是采取一系列技术性措施，减轻进口农产品对本国农业生产的冲击，限制或取消属于“黄箱”的农产品价格支持，转而采取“绿箱”许可的农户收入补贴政策。比较典型的农产品有以下几种：

水稻。一方面政府明确规定进口水稻只能用作提炼酒精；另一方面又投入巨资，帮助本国农户改善生产条件，提高市场竞争力，使得本国稻米生产成本下降了30％。

肉类。到1998年，政府共扶持1.4万个养牛户，建成150个养牛专业区，所需进口饲料免征进口关税。到2001年，政府扶持的规模养猪户达5000户，养猪户超过80万个，政府不仅给予其一定的财政支持，而且对其所需进口饲料同样免征进口关税。

柑橘。政府规定柑橘进口一律由国营企业经营，错开本国柑橘上市时间，进口企业所获利益主要用于支持本国的柑橘生产者。

2002年起，韩国政府还采取了一系列合乎世贸规则的补贴措施。一方面，韩国政府开始降低或冻结农产品收购价格；另一方面，政府也考虑通过两个途径直接补助农户，以减少其收入损失：一是当收割期大米产地价格降到一定水平以下时，政府为农民补齐其差价部分；二是当农业收入在过去3年内平均下降至70%时，政府也承诺补齐其70%以下的部分。

入世后的农产品贸易政策随着世界贸易组织的影响不断扩大，它在农产品贸易问题上的一系列规定必然会对各国现有的农产品贸易政策产生一定的影响。特别是一些长期执行农业保护政策的国家，受到的冲击尤为严重。加入WTO以后，中国传统的农业保护政策与WTO框架的冲突显然是不能长久的，必须根据乌拉圭农业协议的条款对国内政策进行调整。如何调整现行政策，与国际规则更好地接轨，韩国的一些做法值得我们借鉴。

参考文献

戴蓬军．法国农业政策的改革及启示．农村经营管理，2007，第7期．

杜朝晖．法国农业现代化的经验与启示．宏观经济管理，2006，第5期．

付彩芳，任倩，王定毅．国外农业经营与管理．北京：中国社会出版社，2006.

郭锦墉，蔡根女．加拿大农产品营销协会及其对我国的启示．农村经济，2006，第3期．

韩喜平，李二柱．日本农业保护政策的演变及启示．现代日本经济，2005，第4期．

霍美丽，侯振宇．韩国农产品流通现状及经验教训．世界农业，2008，第11期．

李向民．外国政府如何管理农业．南昌：江西人民出版社，2004.

李中．韩国农产品贸易面面观．广东社会科学，1995，第3期．

刘中蔚．加拿大农业食品业发展的新特点及政策调整．世界农业，1998，第6期．

刘志雄，沈琼．美国农产品市场培育及经验．中国合作经济，2004，第9期．

人民日报国际部．外国农村建设．北京：中共中央党校出版社，2006.

唐妍．美国农产品市场信息的收集与发布．世界农业，2000，第 11 期．

肖北鹰．从花卉拍卖市场看荷兰农产品流通．世界农业，1998，第 12 期．

徐涛．走进直销店——探访日本农产品流通新路．上海商学院学报，2008，第 5 期．

于跃，崔莹．法国农业保护政策的正效应．经济论坛，2007，第 5 期．